熔炉颂

主编 / 徐　闻
编著 / 葛泉滋

山东人民出版社 · 济南
国家一级出版社　全国百佳图书出版单位

图书在版编目（CIP）数据

熔炉颂/徐闻主编；葛泉滋编著. --济南：山东人民出版社，2021.2
ISBN 978-7-209-12779-0

Ⅰ.①熔… Ⅱ.①徐… ②葛… Ⅲ.①革命故事-作品集-中国-当代 Ⅳ.①I247.81

中国版本图书馆CIP数据核字(2020)第094397号

熔炉颂

RONGLU SONG

徐闻 主编 葛泉滋 编著

主管单位 山东出版传媒股份有限公司
出版发行 山东人民出版社
出 版 人 胡长青
社 址 济南市英雄山路165号
邮 编 250002
电 话 总编室（0531）82098914
市场部（0531）82098027
网 址 http://www.sd-book.com.cn
印 装 山东新华印务有限公司
经 销 新华书店

规 格 16开（169mm×239mm）
印 张 15
字 数 120千字
版 次 2021年2月第1版
印 次 2021年2月第1次
ISBN 978-7-209-12779-0
定 价 48.00元

目　录

抗日战争中的省委党校

有这样一所党校，被人们称之为“战火中的红色学府”。它在战火硝烟中诞生，在战争环境下办学，在战斗间隙里上课；经历了血与火的洗礼，笔与枪的磨炼，生与死的考验；用马克思主义培养干部，培育党员，培植骨干；以鲜血和生命的代价，传播真理，传授知识，传扬信念。十四年抗战，八年办学，历尽艰辛，从未停过，输送了数以千计的优秀领导干部。为抗日战争胜利，为党的事业发展，为人民政权建设，做出了独特的重大贡献。它就是抗日战争中的山东省委党校。

光辉的历程

1938年春，齐鲁大地迎来的不是明媚阳光，而是战争蹂躏。由于国民党反动派投降卖国，弃地溃逃，日本侵略者一路南下，长驱直入，过黄河、占济南、夺徐州，整个山东很快沦入敌手。在中国共产党领导下，山东军民同仇敌忾，奋起抗战，敌后抗日呈现此伏彼起、如火如荼的新局面。党的组织也得到较大发展，党员人数由抗战前的不足2000人，迅速达到了5万人。

为了适应抗日战争和党的事业发展的需要，及时加强对党员干部的教育培养，同年10月，苏鲁豫皖边区省委决定建立边区省委党校。由省委书记郭洪涛兼任校长，任命潘维周为副校长主持日常工作，并派陈侠、孙鹏等参与筹建。于是，山东第一所党校便在抗日战争的枪声中诞生了。由于党组织处于秘密状态，党校不便公开活动，对外称“山东抗日军政干部学校分校”，简称“干分校”。校址设在沂水县岸堤西北部4公里处的白佛寺（今沂南县高湖水库东南角）。

紧接着开办了第一期党员训练班，省委领导郭子化、程照轩、孙陶林等亲自讲课。12月8日，根据中央决定，苏鲁豫皖边区省委改为中共山东分局，党校也改称为山东分局党

中共苏鲁豫皖边区省委党校旧址——白佛寺

校。月底，由白佛寺迁移到沂水的夏蔚村。

1939年初，分局党校进行人事和机构调整，从学员中遴选了一批优秀人员留校工作，教职工增加到20人，建立了政治部，潘维周兼任政治部主任，并设教育科、总务科、组织科。不久，再次进行调整，将三个科分别改为教务处、总务处、政治处。6月1日，日军集中两万余人，分路对抗日根据地进行“扫荡”，侵入沂蒙山区北部，企图围歼我山东分局和山东纵队指挥机关。山东分局得悉情报后，于6日发出《关于反“扫荡”工作的指示》，号召山东抗日根据地党政军民行动起来，反击敌人的进攻。9日，山东分局机关包括党校全体人员，在纵队特务团的保护下，从驻地王庄主动撤出，向沂水方向的山区转移。11日，在梭峪村附近与敌军遭遇，党校警卫连在郭洪涛、张经武带领下，依托有利地形，奋勇迎敌，将其击退，但因警卫连新战士居多，缺乏作战经验，加上武器弹药不足，人员伤亡较大。10月，郭洪涛赴延安。中央任命八路军第一纵队政治委员朱瑞接任分局书记，同时兼任党校校长，分局调一一五师宣传部部长陈明为常务副校长，同时增派穆林、宋竹庭、张格心、郝诚等任专职教员。入冬，日伪军又一次“扫荡”，党校避其锋芒，从沂水转移到蒙阴、沂南的铁峪村一带。

1940年4月，党校再次调整机构，设立教育处、管理处，党的组织设总支部委员会。12月，山东分局按照中央《关于办理党校的指示》，在临费沂边联县青驼寺东部的王家圈村，开办了山东分局高级党校。分局书记朱瑞兼校长，肖华兼副校长，未设专职校级领导，由分局组织部直接管理。

1941年1月1日，高级党校正式开学，朱瑞、罗荣桓、李林、李竹如、肖华等参加开学典礼并讲话。为了便于组织管理，由学员李仲林（滨海地委副书记）任党总支书记。在学员中建立了3个党支部，其成员均在学员中产生；设军事大队长，也在学员中挑选。另配干事2人，负责处理日常行政、生活、组织、教务等工作。11月，日军对沂蒙山区进行大“扫荡”。12月8日，分局党校在平邑境内的苏家崮被日伪军6000余人合围，负责掩护的八路军山东纵队一旅三团与敌浴血奋战，伤亡200余人，用鲜血和生命掩护党校400余名师生安全突围，转移至鲁南抱犊崮山区的小辛庄。

1942年4月，刘少奇同志来到山东分局和一一五师驻地东海县朱樊村，专程解决山东问题，明确提出：“山东分局要办一个好的党校，提高干部的思想、政策水平。要办一个好的党报，宣传党的统一战线政策；发动群众减租减息，巩固抗日根据地。”这为山东分局党校指明了办学方向。随后，山东分局调抗日军政大学第一分校政治委员李培南任党校专职副校长，陈美藻任党总支书记。全校教职工达到30人。培训规模一度超过了600人。

1943年3月，中共中央为加强对山东抗日根据地的统一领导，决定成立新的山东军区，任命罗荣桓为司令员兼政治委员、一一五师政治委员兼代师长。9月，又任其为山东分局书记，全面主持山东抗日根据地的工作，同时兼任党校校长。11月，日军以万余兵力“扫荡”鲁中区，党校随部队转移到外线。

1944年春，山东抗日根据地形势好转，山东军民开始对日伪军发起局部反攻。与此同时，山东分局抽调大批干部进党校培训，为迎接大反攻积蓄力量。进入1945年后，抗日战争开始全面战略反攻，党校学员放下课本，整装上阵，奔赴大反攻第一线，分局党校的办学也暂告一个段落。

艰辛的办学

山东的敌后抗日，艰苦卓绝，异常惨烈。到1941年底，日军投入兵力4.7万人，伪军增至16万人，军事据点达到3700多个。今天“围剿扫荡”，明天“分进合击”，实行残酷的“三光”政策。加上国民党反动派掀起的反共高潮，顽固派不断进行的军事摩擦和经济封锁，形成了日军、伪军、国民党顽军对八路军三方夹击的严峻局面。

但是，战争和死亡无法扑灭革命的火种，贫困和饥饿不能消减战斗的意志。党校以坚定的信念和顽强的精神，坚持办学，照样上课，既是学习队，又是战斗队，学员配备武器，实行军事编制，敌人来了就参战，敌人走了就学习。穷乡僻壤，缺吃少穿，没有固定的校址，没有上课的教室，不是借用民房或寺庙，就是干脆把场院、树下作课堂，大地为椅，膝盖为桌，形成了一道独特的战地风景。就是在这样恶劣的环境中，党校由一棵幼苗逐步长成参天大树。从开始的4名员工，发展到了30多人，先后举办了7期训练班和3期整风学习班，培训党员干部达2200多人。日后成为我党我军重要领导和高级将领的许世友、张仁初、曾国华、何以祥、张光中等同志，著名的女英雄陈若克、辛锐等，都是那个时期的党校学员。

边区省委党校时期。即1938年11月至12月间，举办了首期短训班，主要对象是鲁南各县的地下党员，共200人。学员划分为若干个党支部，既是党的基层组织，又是教学班的组织形式。学习内容主要是党的建设、统一战线、游击战争、群众工作、政治常识及有关工作报告，全由分局领导同志亲自讲解、上大课。这是山东党校教育史上的第一个班次，极具开山之功。

分局党校时期。即1939年初至1940年9月，共举办了4期短训班，培训学员1000多人。其中第一期，学员200人，主要来自鲁中、鲁南等地，在校训练期间分为两个队。第一队是领导干部，第二队是一般党员。主要学习内容是毛泽东的《论持久战》，了解抗日战争的规律，坚定争取最后胜利的信心。第二期，学员300人，既有来自鲁中、鲁南及苏北等邻近地区的干部，也有胶东、清河和鲁西等地区的干部，冲破敌伪的重重封锁，长途跋涉，到党校参加学习。学员多为县、团级干部和区党委的部长。学习的时间、内容和授课形式与上期相同。期间因日军“扫荡”，这期短训班提前结业。第三期，是为贯彻中央决定和山东分局指示而举办的。1939年8月，中央作出《关于巩固党的决定》。10月，山东分局发出《关于执行中央政治局〈关于巩固党的决定〉的指示》，强调要加强党内马克思列宁主义的教育、阶级教育与党的教育，使党员正确认识马克思列宁主义与三民主义、民族统一战线与阶级斗争、阶级立场与民族立场的关系，纠正各种“左”的和右的错误观点。该期学员300多人，多为县级以上的领导干部。在教学中坚持“自学为主、辅导为辅、互教互学”的学习方法和少而精的原则。其间，山东分局书记兼党校校长朱瑞、八路军第一纵队司令员徐向前、分局宣传部部长李竹如等都曾到党校作报告。在本期学员结业前，以实事求是的精神进行了审干，进一步弄清了干部的政治历史问题，按照党的政策作了恰当的处理。第四期，学员200多人，主要训练党支部书记以上的党员干部。学习内容为党史、党建、统战、群众工作、地方武装和军事常识。同时组织学员进行社会调查，了解各阶层人物的表现，增强救国救民的责任感和抗日救亡的爱国热忱，为开展新区党的工作和政权建设培养了干部。

分局高级党校时期。即1941年1月至1942年5月，举办了两期训练班，培训党员干部220余人。其中，第一期学员100人，主要是县、营级以上的党员领导干部。分局主要领导首先动员，中间进行质疑解答，最后作综合报告。在学习过程中，领导同志亲自授课，分局书记（兼校长）朱瑞讲授唯物辩证法和统一战线；一一五师政治委员罗荣桓讲授联共党史；一一五师代师长陈光讲授军事和武装斗争；一一五师政治部主任（兼副校长）肖华讲授党的建设。第二期，学员120人，也是县、营级以上的党员领导干部。学习期间，恰遇刘少奇同志受中央委托，来山东指导工作，全体学员有幸听取了他所作的《关于山东工作》《群众运动问题》《中国革命的战略和策略》《改造政权问题》《党内斗争问题》《思想方法问题》等8个报告，受到了一次系统的、深刻的、高水平的马克思主义理论教育。

整风运动时期。即1942年9月至1945年8月，举办了4期整风学习班，800余名地、县级党员干部参加了学习。其中，第一期学员125人，历时6个半月。主要学习中央宣传部规定的22个文件：1.毛泽东二月一日在党校的报告；2.毛泽东二月八日在延安干部会上的报告；3.康生的两次报告；4.中央关于增强党性决定；5.中央关于调查研究决定；6.中央关于延安干部学校决定；7.中央关于在职干部教育决定；8.毛泽东在边区参议会的演说；9.毛泽东关于改造学习的报告；10.毛泽东论反对自由主义；11.毛泽东农村调查序言二；12.联共党史结束语六条；13.斯大林论党的布尔塞维克化十二条；14.刘少奇论共产党员的修养第二章的第三、第四和第五节；15.陈云论怎样做一个共产党员；16.四军九次代表大会论党内不正确倾向；17.宣传指南小册；18.中央宣传部关于在延安讨论中央决定及毛泽东同志整顿三风报告的决定；19.斯大林论领导与检查；20.列宁、斯大林论党的纪律与党的民主；21.斯大林论平均主义；22.季米特洛夫论干部政策与干部教育政策。这期学员还参加了山东分局关于抗战四年党的工作总结与今后任务的学习讨论。其间因日伪军大“扫荡”，党校曾转移到淮海地区沭阳一带。

第二期学员125人，其中，军队干部占64%，地方党政干部占36%，历时8个月。学习期间，学员参加了区委书记联席会议、省参议会等活动。还听取了黎玉《关于半条心、两条心》的报告，肖华《关于人为什么会犯错误》的报告，刘居英《关于反对宗派主义》的报告。

第三期学员150人，学习内容与前两期相同，由于形势发展的需要，大部分学员留校继续参加了第四期学习。这一期学员共300多人，其中有1/3是地级以上领导干部。军事大队长由学员许世友（胶东军区司令员）担任。山东分局对这期培训班专门作出决定，指出：党校“已扩大到三百多人，并抽调1/3的地委以上现任干部受训，无论在数量上或质量上都远非过去各期可比。其目的不仅在于一般地进行整风学习，借以提高干部自身的理论修养与工作能力，更重要的还在于通过它去逐渐改造学员与干部的思想领导作风，使它真正成为建设思想上、组织上完全巩固统一的山东党的积极因素”。由于分局高度重视，本期的学习取得了良好的效果。

党校的整风学习，前后历经三年，始终贯彻了毛泽东提出的“惩前毖后，治病救人”“既要弄清思想，又要团结同志”的方针，充分发扬了民主，做到了知无不言、言无不尽，言者无罪、闻者足戒，认真拿起批评和自我批评的武器，清算思想上主观主义、教条主义、宗派主义、党八股的影响，在掌握、领会毛泽东思想，发扬实事求是、理论联系实际、密切联系群众优良作风等方面，获得空前巨大的进步，为争取抗战的最后胜利奠定了坚实的思想基础。

宝贵的经验

第一，坚持马列主义为主课，筑牢理想信念。

始终坚持以“培养具有坚定正确的政治方向的干部”为根本任务，十分重视对学员进行马克思主义基本理论教育，帮助党员干部牢固树立共产主义远大理想。在教学要求上，严格按照党中央《关于办理党校的指示》，对学习教材和课程设置作出明确具体的规定，确保马列主义理论课的主体地位。同时辅以共产主义与中国共产党、党建论文选集等内容。在教学内容上，以马克思列宁主义毛泽东思想理论课为主导，从苏鲁豫皖边区省委党校第一期短训班开始，到而后的每期轮训班、培训班、整风班，全都开设马列主义常识和政治理论基础知识课、党的建设（党史、党建）等课程，让学员能够接受系统的马克思主义理论教育，努力培养具有崇高理想和政治觉悟的党员干部，使之成为坚定的共产主义战士。

第二，坚持理论联系实际，为革命战争服务。

始终坚持理论联系实际，把党校教学为抗战服务作为基本原则和宗旨。首先，坚持马克思主义学风，把理论联系实际作为党校教育的指导方针，十分注重马克思主义基本原理与中国革命实际相结合，着力于基本立场、观点和方法的教育，用现实问题证明基本原理的科学性。其次，坚持为争取抗战胜利而办学，切实把教学与根据地建设紧密联系起来，一切从战争的需要出发，注重解决实际问题。通过讲形势、讲任务、讲政策，深入进行思想政治教育；通过组织学员到乡村开展社会调查、参加生产劳动和帮助基层开展工作等活动，直接为抗日战争服务。

第三，坚持灵活的教学方法，注重学习效果。

始终坚持因人制宜、因材施教，针对学员在理论水平、文化知识、工作经验等方面的不同情况，确定不同的教学内容、选择不同的教学方式、提出不同的学习要求，以满足各种文化层次干部的不同需求。比如，分局党校举办的第二期短训班，把学员分为两个队，在学习、生活上分开管理。第一队是区委书记、县委委员以上的领导干部，具有比较自觉的学习态度，便采取了小组讨论法、典型报告法、参观访问法、个别谈话法等方式。第二队是一般党员，全是新入党的农村基层干部，文化水平较低，因而学习内容比较简单，主要采取启发式讲授与自由讨论相结合的方法，收到较好的效果。

第四，坚持良好的师德规范，培育优良校风。

始终坚持学高为师，身正为范，充分发挥教师的主导和示范作用，以自身的模范行为，认真践行立德树人的光荣使命。一是师生同甘共苦。从校长到教员，每天生活在学员之中，与之完全打成一片，同样吃野菜、睡地铺，既是师生关系，更是同志战友，凝聚成为强大的向心力和战斗力。二是坚持教学相长。教师充分尊重学员的特点和长处，虚心学习他们的实践经验，注意采纳他们的建言献策，大家畅所欲言，自由讨论，形成了相互为师的良好氛围。三是做到以身作则。先后主持日常工作的陈明、潘维周、李培南等同志，都是久经考验、对党忠诚、德才兼备、品学俱佳的老革命。担负教学任务的穆林、宋竹庭、张格心等同志，都是阅历丰富、学有所长、恪守职责、甘于奉献的好干部。他们作为党校办学的主导力量，本身就是优良校风的载体，在广大学员中享有很高的威信，成为大家学习和效仿的榜样。

第五，坚持首长亲自授课，加强党的领导。

始终坚持主要领导干部为学员授课，逐步形成山东党校的光荣传统。党校每举办一期训练班，分局领导同志无论战斗多么激烈，工作多么繁忙，总是抽出时间承担重要课程的讲授任务。分局书记郭洪涛、朱瑞、罗荣桓，八路军第一纵队司令员徐向前、分局委员兼八路军山东纵队指挥张经武、分局委员兼八路军山东纵队政治委员黎玉、分局组织部部长程照轩、宣传部部长孙陶林、统战部部长郭子化、社会部部长刘居英、职工会主任张天民、青救会主任杨涤生、《大众日报》主编匡亚明等，都多次到党校讲课和参与研讨。他们亲自授课，不但使党校工作人员和学员受到了鼓舞，坚定了搞好教学的信心，增强了教学的效果，保证了教学的质量，而且扩大了党校的影响，提高了党校的地位，切实加强了对于党校工作的领导，使之能够更好地完成培训任务，充分发挥党校的重要作用。

衔命主鲁创党校

——郭洪涛革命生平纪略

在山东党史上，郭洪涛同志是一个重要的领导人。抗日战争时期，他为山东加强党的建设，发展党的组织，壮大革命力量，推动政权建设；为发动武装起义，组建抗日军队，巩固和开辟敌后根据地，都做出了重大的贡献。这里所要讲的，主要是他重视干部教育，创建省委党校的革命活动。

临危受命

郭洪涛是陕西省米脂县人，1909年出生在一个农民家庭。青少年时期，曾在杜斌丞先生担任校长的榆林中学就读，接受马克思主义。1925年冬，16岁时秘密加入中国共产党，开始了一生的革命活动。而后长期战斗在陕北，与谢子长、刘志丹等共同领导当地的革命斗争，先后担任陕北特委、西北工委、陕甘省委、陕甘宁边区党委的主要领导人。

1935年10月19日，毛主席率中央红军胜利结束二万五千里长征，到达吴起镇，11月1日与在陕北的红十五军团会师，恢复红一方面军番号。从此，西北革命根据地成为红军长征的落脚点和领导全国革命的出发点。此时，中央决定成立陕甘边省委，由周恩来同志与郭洪涛谈话，委派他担任省委书记。此后，郭洪涛便在党中央的直接领导下开展工作，得以与毛泽东、张闻天、刘少奇、周恩来、陈云、李富春等中央领导同志，有了经常而直接的接触和配合。12月17日，瓦窑堡会议召开，地点就设在张闻天居住的窑洞里，郭洪涛列席了会议。这是从第二次国内革命战争到抗日战争转折时期的一次极其重要的会议。会议肯定了毛泽东同志的正确意见，通过了《中共中央关于目前政治形势与党的任务决议》，指出："党的策略路线，是在发动、团结与组织全中国全民族一切革命力量去反对当前主要的敌人——日本帝国主义与卖国贼头子蒋介石。"在此基础上，制定了抗日民族统一战线的政策，掌握了党在政治上的主动权。毛泽东根据会议精神，写出《论反对日本帝国主义的策略》，提出党的基本任务，就是建立广泛的抗日民族统一战线。"组织千千万万的民众，调动浩浩荡荡的革命军，是今天的革命向反革命进攻的需要。"而后胜利的事实雄辩证明，此一政策，是夺取抗战胜利的重要“法宝”。次年12月12日，发生震惊中外的西安事变，在关系民族危亡的紧要关头，正是毛泽东按此方针，对蒋介石的处置提出“上、中、下”三策：杀，是下策；扣，是中策；放，是上策。派周恩来深入虎穴，斡旋各方，使西安事变得以和平解决，从而结束十年内战，实现了国共的第二次合作，形成了全国联合抗日的新局面。1937年1月13日，党中央机关正式移驻延安城。干部群众举行欢迎大会，郭洪涛主持，毛泽东主席讲话。

1938年4月，山东省委书记黎玉到延安，向党中央汇报山东发动抗日武装起义、组建抗日武装、开展抗日游击战争的情况，请求派干部去山东，得到党中央的同意。中央委托陈云、李富春，征求郭洪涛意见，希望他前往山东工作。郭洪涛当即表态，坚决服从中央决定。于是，中央选拔了50名军事干部和地方干部，有的是抗大学员，有的是中央党校学员，有的是陕甘宁边区干部，也有中央机关的干部。他们是：段君毅、霍士廉、王文、高克亭、杨国夫、高锦纯、钟辉、钱钧、何光宇、周赤萍、刘勇、王彬、史秀云、苏杰、刘建中、吴瑞林、鲍辉、白炎波、戴凤鸣、黄志才、赵纯、孙光、罗春生、刘圣永、闻述尧、杨刚毅、杜明、李国厚、张正富、潘维周、罗绩伟、吴坤、杨士敬、王子文、陈宏、白备武、马千里等同志。并配备了两部电台和报务人员。由郭洪涛带领，奔赴山东。

领袖嘱托

党中央、毛主席对此高度重视，十分关心。因为，山东是联结华北、华中根据地的枢纽，可以南扼华中，北逼平津，是历代兵家必争之地，战略地位十分重要。山东抗战的成败，对于我们党的敌后抗日影响巨大。因此，在1938年9月29日召开的六届六中全会上，毛泽东再次提出“派兵去山东”，接着命罗荣桓率一一五师挺进沂蒙，建立山东敌后抗日根据地。

郭洪涛一行离开延安前，毛主席亲切接见了全体干部，作了重要指示。他说：日本帝国主义已占领我华北、华东大片国土，侵占山东后继续南进。李宗仁部正在台儿庄阻击日军，我们党的方针，是在山东敌占区开展独立自主的游击战争，创建山东抗日根据地。山区的游击战争是可以坚持的，也取得了一定的经验；平原的游击战争能否坚持，还没有经验，需要看一看。毛主席殷切希望全体同志到了敌后，要像柳树一样插到哪里都能活，像松柏一样天寒地冻也是青枝绿叶；要服从当地党委领导，同当地党委搞好团结；要发动群众，依靠群众，不断发展壮大党的组织；要坚持党在统一战线中的领导权和独立自主的原则，放手发动群众，开展游击战争，建立和发展民兵、基干武装和主力部队，创建抗日根据地。领袖的谆谆教导，像春风一样感染着每一个即将赴鲁的同志，大家的心里燃起了一团火，充满了革命热情和必胜信心。

接着，刘少奇同志又与郭洪涛谈话，指出，山东敌占区的国民党已恢复政权，鲁西北的范筑先与我党共同建立了抗日根据地，这个形式很好，要转告山东省委驻鲁西北代表张霖之，坚持这个方向；并指示郭洪涛到山东再找第二个、第三个范筑先式的人物搞统一战线，建立共同抗日根据地。他还谈到苏鲁豫皖边特委离河南太远，下步可以划归山东省委领导。

4月的一天，出发的日子到了。中央组织部部长陈云同志亲自为郭洪涛他们送行。50多人分乘3辆汽车，告别延安，告别党中央，告别为之奋斗多年的红土地，踏上了赴鲁战斗的新征程。经西安，过洛阳，至曹县，涉过黄河，到达泰西，由万里同志亲自率部队迎接，并护送路过津浦铁路，于5月20日安全抵达泰安南上庄的山东省委驻地。

经略沂蒙

1938年5月，按照中央任命，郭洪涛就任山东省委书记。他即刻主持召开省委会议，传达了毛泽东同志关于建立抗日根据地、开展独立自主的游击战争的指示，作了《为创建山东抗日根据地而斗争》的报告。他在报告中提出，要坚决贯彻执行党中央、毛泽东同志的指示，坚持独立自主的游击战争，建立巩固的抗日根据地；几个主力支队逐步改为八路军的番号，取得合法名义；广泛地组织与武装广大人民群众，帮助政府和军队抗战；巩固与扩大统一战线，坚持党在统一战线中的领导权与自主权，坚持山东游击战争，直到把侵略者赶出中国去。

经过会议讨论，制订了《发展和坚持山东游击战争的战略计划》。确定创立以沂蒙山区为中心的根据地；向北以淄博山区为依托，开创清河地区游击根据地；向南开创抱犊崮山区抗日根据地；向东发展开创沿海地区抗日根据地；在津浦铁路以西，创立梁山泊和微山湖两块根据地；在胶东创立以大泽山为中心的根据地。会后，省委将这个计划报告了党中央，6月30日，又作了补充报告。7月4日，毛泽东主席电复省委："这个战略计划很好，望即照此去做。"八九月间，

省委在沂水县岸堤召开会议，专门研究开辟沂蒙山区抗日根据地的问题。会议认为：沂蒙山区地势险要，我党与国民党山东第三区专员张里元以及当地的一些开明士绅建立了较好的统战关系，有利于坚持游击战争，在这一地区创建根据地，对坚持山东抗日游击战争具有战略意义。由此，确定了在沂蒙山区建立抗日根据地的方针。省委机关由泰安移至沂水，设置在岸堤。

为了实现开辟沂蒙根据地的战略中心地带，省委决定调第三支队、第八支队转战沂蒙。8月，第三支队一部分在司令员廖容标率领下南进沂蒙。10月，第三支队第八团又南越胶济铁路进入沂蒙，与先期到达的部队合编为第四支队第四团。11月，第八支队全军5000余人在司令员马保三、政治委员张文通率领下分批南下，陆续抵达沂鲁山区，指挥机关驻临朐县的三岔店、暖水河一带。其中一部同时东进沂水东北部、安丘西南部活动，控制沂山地区。1939年3月，胶东地区的第五支队第六十一团在吴克华、阎世印率领下进入鲁中临沂、费县边区，活动于蒙山东南麓。有此较为强大的武装支持，创立以沂蒙山区为中心的山东敌后抗日根据地的战略计划，终于得以实现。

创建党校

为了建立根据地，发展游击战争，急需培养干部。1938年6月，省委决定建立山东抗日军政干部学校。由宣传部部长孙陶林同志任校长。第一期于行军途中在费县境内开学。8月，省委机关进驻沂水县岸堤，干校随之迁来，称为“岸堤军政干部学校”。干校下设政治队，民运队，军事队，地方武装队，青年队。开设抗日民族统一战线、游击战术、政治工作、民众运动、政治常识等课程。军事教员由具有丰富战斗经验的同志担任，讲述战术、战例；政治教员由省委的负责同志兼任，郭洪涛亲自讲课。干校采取授课与讨论相结合、理论联系实际的方法，对学员进行培训，取得了很好的效果。干校共举办了五期，培训学员达3000多人。

为了加强对党员干部的培训，以适应斗争形势发展的需要，省委决定建立党校。1938年10月，省委党校在沂南县岸堤成立，对外称“山东抗日军政干部学校分校”，由郭洪涛兼任校长，潘维周任副校长。党校成立后随即开学。郭洪涛和省委其他领导如组织部部长程照轩、宣传部部长孙陶林、统战部部长郭子化等，皆为党校教员，登台讲授党的建设、统一战线、游击战争、群众工作及政治常识等课程。第一期学员结业后，党校移驻沂水县夏蔚村。在此期间，共培训了党员干部1200余人。这些同志分赴各地工作，做出了显著的贡献。其中有许多人成长为党的重要领导骨干和杰出人才。

当时，战争环境极为残酷，日军疯狂进攻，今天“分进合击”，明天“铁壁合围”，必欲置我党我军于死地而后快。党校学员只好实行军事化，一手拿书，一手拿枪，敌人来了就战斗，敌人走了就读书。平时在院子里上课，以大地为椅，以膝盖为桌。既是学习队，又是战斗队。因此，党校实际上是一个居无定所、校无常址的随营学校。加之根据地多处穷乡僻壤边远山区，经济非常落后，生活十分困难，吃粗粮野菜，睡地铺木板。就是在如此条件下，党校领导和教师坚守岗位，坚持办学，孜孜不倦地传播马克思主义理论，培训了大批优秀的领导干部。学员们则是冒着生命危险，冲破敌人的重重封锁，从各地长途跋涉，进入党校参加学习。他们的很多课程都是在行军路上或战斗间隙完成的，创造了干部教育培训史上光辉灿烂的一页。

奋斗终生

1939年10月，郭洪涛、张经武率准备出席党的七大的山东代表团，日夜兼程，奔赴延安。他在山东担任省委书记兼党校校长一年半，付出了巨大的心血和牺牲，为山东的敌后抗日、政权建设和党校事业做出了重要贡献。

此后，他参加延安整风。1945年奉调东北，担任东满铁路局、东北铁路总局领导工作，从此长期战斗在交通运输战线。新中国成立后，他进京担任铁道部副部长。“文革”后恢复工作，担任国家计委、国家经委顾问。直到晚年，还于1982年至1999年担任中国交通运输协会会长。

郭洪涛自16岁参加革命，担任过许多重要领导职务，并先后当选为党的七大、八大、十二大代表，党的十三大、十四大、十五大、十六大特邀代表，在党的十二大、十三大上当选为中顾委委员，在全国政协第二届一次、第五届一次会议上当选为常务委员。在长达78年的革命生涯中，郭洪涛作为一位老共产党员，不忘初心，与时俱进，始终不渝地为共产主义事业而奋斗不息。1992年他在83岁高龄时，发表了《发展我国高速铁路势在必行》一文，建议国家开建京沪高铁。1997年9月，中央电视台《东方时空》对他专访，主持人说：从1945年到现在50多年间，郭老一直为中国的交通事业发展而奋斗，所以很多人都亲切地称他为中国的“老交通”。如今，我们还要自豪地说，这位“老交通”，曾经是我们的“老校长”。

赴汤蹈火为国殇

——朱瑞同志的光辉人生

朱瑞，抗日战争时期继郭洪涛之后，我们的第二任老校长。

党中央所表彰的为中国革命胜利做出突出贡献的“百位英模人物”之一。

中国人民解放军的炮兵奠基人。

1948年10月，在辽沈战役攻克义县的战斗中壮烈牺牲，时年43岁。

今天，我们满怀景仰之心崇敬之情，深切追念他的丰功伟绩，发扬光大他的高风亮节。

少小立志　追寻真理

1905年，朱瑞出生在江苏省宿迁县朱大兴村一个家道中落的地主家庭。幼年体弱多病，10岁方入学校。但他天资聪颖，勤奋好学，两年后跳级县立高小，并在此受到“五四运动”的影响，第一次听到关于俄国革命的消息，从而萌动了对于“政治斗争”的向往。1920年，朱瑞15岁，转入徐州的培心中学就读。这是美国人办的一所教会学校，但朱瑞不去做礼拜、读圣经，而是如饥似渴地阅读《向导》《新青年》《独秀文存》《孙文主义学说》等进步书籍，由此而了解了列宁生平，初步接触到共产主义知识。两年后，朱瑞进入南京的钟英中学读高中，这所私立学校的商业气息很浓，学生多是有钱人家的纨绔子弟，但朱瑞不为环境所动，一心致力于学习进步，并撰写文章痛斥北洋军阀的暴政，揭露西方列强的侵略罪行。1924年6月，朱瑞完成高中学业，顺利考入国立广东大学。在毕业典礼上，他作为学生代表发言，慷慨陈词，抨击时政，公开宣布信仰“共产主义、孙文主义”。入秋，朱瑞“抱着无限希望”，南赴广州，成为广东大学法学院的一名新生。正是在这里，朱瑞实现了一个“新青年”向“革命者”的蜕变，开始确立共产主义信念，选定了一生前进的方向和目标。当时的广州，是全国革命的中心，社会活动轰轰烈烈，革命斗争如火如荼。然而，广东大学被国民党右派人物邹鲁所把持，弄得远离社会，死气沉沉，“既无新事物，亦无新思想”。朱瑞放弃对于学校的依赖，抱定自己的理想追求，转而“尽己所能，搜求书籍，自行研读”。他一头扎进图书馆，拟定书目，编制计划，刻苦攻读，深入钻研，系统地学习了经典文献，思想认识产生了新的飞跃，牢固地树立起共产主义世界观。与此同时，他积极参加革命斗争，自觉靠拢党组织，加入了中共领导的“学生社”，并被选为负责人。1925年冬，在中共粤区学委领导下，朱瑞带领“学生社”发起“驱邹运动”，一举将邹鲁等人逐出校门，沉重打击了国民党右派的嚣张气焰。他也在此次斗争中经受了锻炼，得到组织的认可和信任，评价他是“斗争的中坚分子”。

赴苏深造　脱颖而出

朱瑞临近大学毕业，恰逢莫斯科中山大学到广州招生，他立即报名，并通过笔试口试。然后以左派青年的名义，由中共粤区学委推荐，经时任国民党中央组织部部长的谭平山签批，获准第一批入莫斯科中山大学学习。1925年12月4日，朱瑞满怀革命憧憬，在珠江码头登上轮船，经海路由广州到达海参崴，接着转乘火车，于1926年2月24日抵达莫斯科。奔波80多天，行程两万公里，开始了他的留学生涯和崭新生活。

朱瑞一行22人，单独编班，补习俄语。来到中山大学，如鱼得水，他“发挥了从来未有的自觉与智慧”，夜以继日，刻苦学习，不到两个月，就边学边译，把胡汉民的《三民主义与中国革命》一书译成俄文，受到俄语老师的高度赞赏和大力推荐，从而顺利升入俄文水平最高的第七班。该班在中山大学非同寻常，被称为“理论班”，会集了国共两党的精英人物，中共方面有邓小平、左权、俞秀松、李卓然、傅钟等，国民党方面有谷正纲、邓文仪、康泽、郑介民、李秉中、谷正鼎等。两党的不同立场、不同主张、不同政策，在这里也有着鲜明的表现，产生了激烈的辩论和尖锐的斗争。朱瑞坚定地站在无产阶级立场上，维护中国共产党的利益，以自己杰出的雄辩口才和活动能力，始终冲在斗争的第一线。他的斗争精神得到组织高度认可，遂由丁祝华介绍，加入苏联共产主义青年团。朱瑞说：“这是我一生的共产主义奋斗生活之始。”

1927年夏，朱瑞由中山大学毕业。此时，正值国内革命转入武装斗争，急需军事指挥人才。他遵照共产国际的决定，旋即进入莫斯科克拉辛炮兵学校。朱瑞以革命需要为天职，党叫干啥就干啥。在崭新的军事领域、陌生的炮兵知识面前，他发挥天资，勤奋用功，很快学有所获，成绩突出，成为炮校中国学生的高才生，并被提升为中国连的司务长，主管行政管理工作。在刻苦学习的同时，“辛辛苦苦搞好服务，想方设法帮助同学”，被大家称之为“我们的指挥员”。在此期间，他积极参加了反对托派的斗争，抨击少数学生勾结托派分子、反对联共中央的反动言行。这使他深刻地认识到“不仅党外有斗争，党内也有斗争”，从而在政治上进一步成长成熟起来。1928年6月，由中山大学校长米夫等6人介绍，他加入了苏联共产党，成为一名光荣的无产阶级先锋队成员。

1929年7月，朱瑞以毕业考试和实弹射击均为第一名的优异成绩，圆满完成炮校学业，受到学校领导的通报表彰。此时，他日夜关注国家安危，十分惦念祖国同胞，热切盼望投身火热的斗争，经共产国际同意，如愿以偿，获准回国。9月18日，朱瑞离开求学四年的莫斯科，途经德、意、新加坡，一路艰辛，于1930年1月回到久违的上海。

挥师闽赣　将星初现

重返故土，踌躇满志。然而工作进展并不顺利，先是接头未果，后遇“左”倾盲动。让朱端受到严峻考验和空前磨炼。当时，蒋介石背叛革命，实行白色恐怖，疯狂屠杀共产党员和进步人士。我们党被迫转入地下活动，中国革命处于低潮时期。朱瑞在上海辗转多日，未能与组织接上关系，便赶回老家徐州打听消息，仍无结果。他找党心切，忧急如焚，痛彻地感到：“找不到党，就像失去母亲的孤儿，是最孤零，苦闷之时。”于是，顾不上回家看望一下多年未见的老母亲，又从徐州急返上海。正在他徘徊街头，一筹莫展之际，竟与陪母亲上街的邓颖超不期而遇。这让朱瑞如见天日，欣喜若狂。他立即迎上去，来不及寒暄，直接说明情况，请她转告组织。在邓大姐帮助下，中组部即刻派人将其接到军委机关，安排担任参谋工作。此时，李立三“左”倾盲动主义在党内占据主导地位，提出“会师武汉，饮马长江”，大搞飞行集会，攻打中心城市。朱瑞以自己对于中国革命形势的判断，对这一主张并不赞同。但也抱着献身革命不怕牺牲的坚定决心，来到充满危险的武汉，担任长江局军委秘书长，协助关向应同志主持日常工作。1930年12月，因叛徒告密，长江局机关被敌人破获，关向应、任弼时等中央领导被迫撤离，朱瑞随后也遵照组织决定，于次年2月撤回上海。1931年4月，党内又出大事，顾顺章叛变。周恩来沉着机智，果断应对，安排一批无法在上海继续工作的同志转移到中央苏区。1932年1月8日，朱瑞进入仰慕已久的红都瑞金，被中央任命为左权任军长的第十五军政治委员，从此十分荣幸地在毛泽东直接指挥下，开始了新的革命征程。

此后，他相继担任红三军政治委员、红五军团政治委员，带领部队连克强敌，屡建军功，逐步成长为我党我军优秀的高级指挥员。1933年1月，在瑞金召开的第二次中华全国苏维埃代表大会上，当选为中央政府执行委员。红五军团是由参加宁都暴动的原国民党军孙连仲部第二十六路军改编而来，此前在原政治委员肖劲光，军团长董振堂、政治部主任刘伯坚等领导下，经过龙岩、漳州等多次战役的锻炼，部队的政治素质和战斗力大为提高。但由于战斗频仍，思想教育跟进不及，尚存诸多亟待解决的问题。朱瑞到任后，首先抓党的建设，物色得力干部，充实政治机关，加强思想工作，树立平等作风，建立新型关系，增强纪律观念，强化主人意识，使部队的政治面貌焕然一新。

1933年二三月间，蒋介石调集50万大军，对中央苏区发起第四次“围剿”，兵分三路，分进合击，企图灭我南丰、广昌一线的红军主力。周恩来、朱德洞察敌之战略意图，立即将进攻南丰的红三、红五军团撤出，转而埋伏在黄陂一带大山之中，只以地方武装与敌周旋。2月27日，陈诚的第五军之第五十二师和第五十九师进入埋伏圈，我军抓住战机，突然发起攻击，一举歼灭了国民党军嫡系两个师，活捉了五十二师师长李明和五十九师师长陈时骥。这一仗打得蒋介石叫苦不迭，哀叹："此役挫失，凄惨异常，实有生以来唯一之沉痛。"

朱瑞和董振堂率领的红五军团部署在这次战役的右翼，担负消灭敌五十九师的任务。战前，朱瑞亲自进行政治动员，布置战斗任务，要求指战员发扬红军英勇作战、不怕牺牲的精神，坚决争取战役的完全胜利。27日下午战斗打响后，他们亲临第一线坐镇指挥。当发现突击部队因故未能如期赶到指定地点时，当机立断，调整部署，指挥后续部队抢占有利地形，迅速投入战斗。他和刘伯坚又亲自组织政工人员，开展火线宣传鼓动工作。在军团指挥员的带动下，全军指战员"不顾一切牺牲，冲锋陷阵，同敌人肉搏血战"，负伤的战士"卧在血泊中，鼓励战友奋勇前进"！终将顽敌五十九师全部歼灭。3月21日，红五军团又在草岗台配合红一、红三军团，消灭了被蒋介石称为"冠军"的十一师和九师的一个营。红军经黄陂、草岗台两次战役的大胜，粉碎了第四次"围剿"。

9月，蒋介石亡我之心不死，又调集100万大军，发起了第五次"围剿"，步步为营，碉堡推进，企图一举消灭中央红军。战役之初，红五军团在朱瑞、董振堂率领下，采取前几次反“围剿”的游击战术，首先击溃了国民党军周浑元部之第三十六旅，取得此役的第一个胜利。但不幸的是，此时中央领导权已为奉行“左”倾路线的博古所把持，他与共产国际派来的军事顾问李德一起，完全排斥了毛泽东的正确路线和军队指挥，采取了“阵地对阵地”“堡垒对堡垒”的所谓正规战术，致使红军的优势难以发挥，战争形势日益逆转。朱瑞等强烈要求“避免正面作战和阵地战，采取运动战侧击和消灭敌人”，遭到博古拒绝。虽经指战员勇猛作战，拼死搏斗，终于难挽败局，一再失利。红五军团历经德胜关失守，建宁、兴国保卫战受挫，最终无力回天，于1934年10月撤出瑞金，开始了举世闻名的万里长征。

长征先锋　中流砥柱

长征路上，朱瑞肩负重任，担任主力部队红一军团政治部主任。1935年1月，党中央召开遵义会议，确立了以毛泽东为代表的中央正确领导。朱瑞异常振奋，在3月党中央召开的团以上干部会议上，他首先发言，对刚刚取得完胜的遵义战斗进行总结：“我英勇红军打垮了贵州军阀王家烈的两个师，消灭敌军7000多人，缴获枪械4000多件，扭转了红军长征以来的被动局面，用实践证明了毛泽东领导的正确。”

6月，红一、红四两个方面军在懋功胜利会师。党中央和毛泽东正确分析当时政治形势，决定红军继续北上，以便推进和领导全国抗日救亡运动。然而，张国焘跳了出来，反对中央北上抗日的正确方针，同时自恃人多、枪多，公然向中央伸手要权，挑起了一场严重的斗争。朱瑞从一开始就站在党中央和毛泽东的正确立场一边，同张国焘进行了坚决斗争。他先后向红一军团的广大干部详细传达了中央政治局两河口会议、巴西会议、俄界会议的决定，多次在他主持的各种会议上指出：红一、红四方面军会师后，中央的战略方针是集中力量向北进攻，在运动中消灭敌人有生力量，首先取得甘肃南部，创造川陕甘苏区，使中国苏维埃运动放在更加巩固、扩大的基础上，以争取西北各省以至全国的胜利。为了实现这一方针，必须坚决反对战争退却和逃跑，以及保守偷安、停止不前的倾向。他还指出：“只有北上，才能使红军得到发展，推动抗日高潮的到来。”大家听后都很振奋，“一致拥护党中央的路线”。深入细致的思想政治工作，有效地统一了广大指战员的思想认识，使之紧密地团结在党中央周围，为顺利完成长征提供了有力的思想保证。朱瑞后来回忆说：“反张国焘斗争对我是一个考验，我个人自始至终不但坚持党的路线，而且一开始便自觉地从思想上及经验中洞察张国焘之奸恶，拥护党中央及毛泽东同志……在政治工作上则是捍卫党的路线，从思想上巩固及团结广大群众。”

8月，红一军团将过草地。朱瑞专门召开政工会议，进行思想动员和具体部署。进入茫茫草地以后，他与战士同甘共苦，把马让给伤病员骑，还帮战士扛枪、背包。行军休息时，总是到处查看，找干部、战士谈心。他深情地说：“我们今天为什么要过草地，吃这么大的苦呢？是为了劳苦大众的解放，为了苏维埃事业。一定要有坚定的信心，走出草地去。”他还教育同志们发扬阶级友爱精神，把仅有的粮食彼此匀着吃；同时发动大家采蘑菇、挖野菜，给饥肠辘辘、疲惫不堪的战士们增添了前进的力量，坚定了必胜的信心。朱瑞长期患有胃病，长征路上经常发作，并且每次都很厉害。但他严格要求自己，生活从不搞特殊，即使偶尔改善伙食，也是多方推脱，把机会让给同志。肖锋回忆说：“走出草地不久，军团直属队在一个山沟里打土豪，搞到了四头肥猪、十几只鸡，还有许多纸烟。大家为了照顾首长健康，分别给他们送了一份。估计朱瑞不会接受，便请他同大伙儿一起‘吃小灶’。当炊事员把饭菜做好，派人去请时，他却借口有急事要办，谢绝了大家的好意。”

9月，红一军团之先锋团行进到天险腊子口，敌人凭险固守，挡住去路。为了尽快攻克险关，同时减少部队伤亡，朱瑞亲自赶到前沿观察地形，同该团首长杨成武、王开湘一起研究进攻路线，发动群众献计献策，组织部队从右边悬崖攀登上去，绕到敌人左侧发起突然攻击。敌军在我猝然打击之下，以为神兵天降，狼狈溃逃，我军迅速拿下腊子口，为全军扫清了前进的道路。

10月，红一方面军和陕北红军会师，引起敌人极大恐慌，立即纠集五个师的兵力，趁我立足未稳，发起疯狂进攻。党中央和毛泽东决定，在直罗镇给来犯之敌以毁灭性打击。战前的11月13日，朱瑞向红一军团直属队作了战斗动员，要求大家鼓足勇气，发扬红军猛冲猛打的作风，打一个漂亮仗。在行军的路上，他还不断向大家讲解直罗镇战役的有利形势以及我军必胜的各种因素，鼓舞部队的战斗士气。21日上午，红军由两侧山头向进犯直罗镇之敌一〇九师发起猛烈攻击。军团预备队也奉命向山下敌人冲锋。这时从另一条山沟突然冒出一股敌人，径直向军团部冲来，情况万分紧急。朱瑞等立即组织警卫连和机关干部展开阻击，在兄弟部队回援下，将这股敌人围歼。这一仗，仅军团直属队就俘敌五百余人。直罗镇战役粉碎了敌人对陕北革命根据地的进攻，毛泽东同志给予高度评价：直罗镇一战，给党中央把根据地放在陕北的任务，举行了一个奠基礼。朱瑞在《战士报》“新年献礼”专栏发表专论《艰苦的一年，伟大的一年》，豪迈地指出：“这一年，我们在党中央和毛主席领导下，越过了巍巍雪山，跨过了茫茫草地。我们战胜了困难，也战胜了张国焘的机会主义。我们以一双脚、一支枪，百战的身躯，完成了人类空前伟大、艰苦、神圣的远征。”

挂帅主鲁　功垂沂蒙

到达陕北以后，朱瑞先是率部东征，后与红十五军团合编为西征军，在彭德怀指挥下，由延安西出宁夏，一面扩大根据地，一面迎接红二、红四方面军走出草地。其间，奉命对东北军开展了艰苦细致的统战工作。1936年12月，党中央同意贺龙的要求，调朱瑞为红二方面军政治部主任。1937年7月，卢沟桥事变爆发，中央任命朱瑞为北方局军委书记。他离开部队，来到太原，见到刘少奇、杨尚昆、彭真、李大章等中央和北方局领导同志，立即接受任务，投入工作。此时接到毛泽东从延安发给他的电报指示：“北方局的军事工作很重要，你要仔细地去布置。”朱瑞深受鼓舞，遂将反复思考的军事计划草拟成文，迅即提交北方局讨论。此后，他奉命担任八路军驻第一战区联络处处长。利用这个合法身份，在河南辉县开办了“华北军政干校”，招收进步青年和流亡学生，进行政治、军事教育和训练，结业后输送抗日前线。经过苦心经营，先后培养学员2000多名，成为我党在华北地区坚持敌后抗日的重要力量。当年曾在“华干”学习、后来担任过陕西省省长的李尔重回忆说：朱瑞同志“对青年有一种超常的吸引力，引导着你向党靠拢”。1938年8月以后，朱瑞又调任北方局组织部部长和八路军驻国民党河北省政府代表，全部出色地完成了党所交给的各项任务。

1939年5月，第十八集团军总部为了统一和加强山东敌后抗战的领导，决定成立八路军第一纵队，任命徐向前为司令员、朱瑞为政治委员，前往山东统一指挥一一五师和山东纵队。8月9日，中央北方局批准山东分局关于建立山东军政委员会的报告，任命朱瑞、徐向前、郭洪涛、罗荣桓、陈光、黎玉为山东军政委员会委员，朱瑞任书记。10月，中央又任命他接替郭洪涛担任山东分局书记，同时兼任分局党校校长。自此到1943年，朱瑞一直是山东敌后抗战的主帅。这四年，正是日军疯狂“扫荡、吞食、封锁、分割”的四年。正是奸顽势力“不明大义、横生风波、交相煎迫”的四年，正是敌后抗战处境最为艰难困苦的四年，朱瑞在党中央领导

下，立足山东，统筹全局，艰苦奋斗，忘我工作，付出了艰辛努力和巨大牺牲，对山东抗日根据地的建设与发展，以及分局党校的教学和工作，做出了重要的贡献。1940年12月，毛泽东在给山东分局的电报中指出："山东工作在同志们艰苦创造中，已获得巨大的成绩，没有八路军和没有足够数量的具有军队经验的干部帮助条件下，地方党已经单独创造出较有战斗力走向的正规化的军队，它将成为坚持山东抗战的主力军。"

作为山东分局书记的朱瑞，在党史、军史上已经作过较为详尽的介绍，这里，我们着重将作为党校校长的朱瑞，作以深切的追念。首先，他是我党我军高级指挥员中，为数不多的既有国内高等教育学历，又有国外留学经历的高级知识分子；第二，他是既有军事统帅的素质魄力，又有政治工作者涵养学识的杰出军队将领；第三，他是既有带兵打仗、指挥大兵团作战的非凡经历，又有主持一方领导大区域工作的丰富经验的优秀党政领导。在党校工作中，同样展现出不凡的远见卓识和高超的领导才能。一是高度重视，尽职尽责。在长达四年艰苦卓绝的战争环境中，对敌作战，反顽除奸，政务繁忙，朱瑞同志一直兼任党校校长，不离不弃，从未间断；并把党校始终带在身边，妥加保护，及时指导，保证了党校教学的正常进行。1940年2月，中央发出《关于办理党校的指示》，朱瑞坚决贯彻执行，并将分局党校改名为分局高级党校，除自己继续兼任校长外，又请肖华兼任副校长，委派分局组织部直接管理，进一步加强了对于党校的领导。二是亲力亲为，带头讲课。朱瑞学识渊博，功底深厚，口才极佳，这些正是他擅长教育的突出优势，而党校为其充分发挥这一专长提供了最好的舞台。他于战斗和工作间隙，深入党校，走上讲台，为学员系统讲授党的统一战线和辩证唯物主义原理。1941年8月，他出席党校第二期培训班开学典礼，专题解读《中央关于增强党性的决定》。整风运动期间，他带头剖析思想，自我批评，并把自己的反省材料和心得体会，发给党校学员讨论、监督，让大家提出意见。在他的带动下，山东分局其他领导同志如李竹如、孙陶林等，一一五师首长陈光、肖华等，也都来到党校给学员授课。三是健全机构，加强管理。在他主持期间，不断加强党校自身建设，多次对内设机构进行调整，先是将教育科升格为教务处、组织科升格为政治处、总务科升格为总务处，后又增设教育处，管理处，党的组织设立总支委员会。同时选派优秀干部主持各处工作。为适应战争环境，给学员配发武器，实行军事编制，委派军队干部担任军事大队长。敌人来了就战斗，敌人走了就学习。既是学习队，又是战斗队。更要紧的是，确定一一五师宣传部部长陈明同志任常务副校长，为党校工作注入了强大的生机和活力。四是增加教员，充实师资。限于当时条件，党校授课的主要任务，多由分局领导担任。朱瑞主政后，在继续坚持这一做法的同时，积极物色合适人员，充实党校教学力量，选派穆林、张格心、宋竹庭、郝诚等进入党校，任专职教员。从此培育和建立起一支相对固定、胜任教学的党校教师队伍。五是改革教学方式方法。紧密结合山东敌后抗日的实际，针对干部的素质状况和文化水平，党校坚持“理论联系实际、提高政策水平、切实增强党性”的教学方针。教学内容主要是：理论基础知识、党的建设、军事理论、统一战线、群众工作等方面。教学方法则采取“自学为主，辅导为辅、互教互学”的做法，每一门课程开始，先由分局领导进行动员，中间质疑解答，最后综合分析，达到教学相长、共同提高的目的。

就这样，在朱瑞兼任校长期间，党校工作水平得到全面提高，教学能力得到显著增强，功能作用得到充分发挥，先后举办轮训班7期，培训学员2000多人，为抗日前线和地方政权输送了大批领导骨干。当时，战争环境极为残酷，物质条件十分恶劣。党校经常处在敌人包围“扫荡”和反“扫荡”的激烈战斗之中，平时上课没有固定的校址，大地为椅，膝盖为桌，吃野菜粗粮，睡床板地铺。全校师生以高昂的斗志，在战争中锻炼，在学习中成长，受到了系统、深刻的马克思主义基本理论教育，增强了理论素质和党性修养，提高了思想觉悟、文化水平和工作能力。从而在山东的干部教育史和党校发展史上写下了浓墨重彩的一笔，也是朱瑞同志波澜壮阔的灿烂人生中极具革命光辉的一页。

逐鹿东北　为国捐躯

1945年4月，党的七大在延安召开，朱瑞作为山东代表团副团长出席大会，并作了关于山东敌后抗战的专题发言。大会以后，中央决定派他出任八路军副参谋长。朱瑞当即面见毛主席，表示自己是学习炮兵出身，希望在炮兵建设方面贡献力量，此举得到毛主席高度赞赏。不久，他被任命为延安炮兵学校代理校长。8月，日本无条件投降，延安炮校挺进东北，于10月下旬抵达沈阳。朱瑞带领师生克服困难，“收集武器，发展部队，建立家业”。经过半年多艰辛努力，共收集各种火炮700多门，炮弹50万发，坦克12辆，汽车23辆及一大批零件器材。东北我军依靠这些装备，迅速组建了10个炮兵团、6个炮兵营、20个独立炮兵连、一个高炮大队、两个坦克队及一个修械所，从而诞生了我党我军的第一支炮兵部队。朱瑞作为炮校校长，预见到人民炮兵将有一个大的发展，他提出“变学校为部队，以部队为学校”，结合实战，培养骨干，并将延安炮校适时改名为东北军区炮校，两年间培养训练学员2000多人。

1946年10月，东北军区正式成立炮兵司令部，任命朱瑞为炮兵司令员，邱创成为政治委员兼炮校政治委员。此后，炮兵作为独立兵种，参加“三下江南、四保临江”等战役，取得了丰富的实战经验。朱瑞从理论与实践相结合的高度，总结出了“集中使用，攻坚作战，步炮协同，抵近射击”及“快、准、猛”的战术原则，大大提高了人民炮兵的实战能力和指挥水平。

1948年9月，东北我军挥师义县，拉开了辽沈战役的序幕。人民炮兵大显神威的时刻到来了，朱瑞亲临前线，精心部署。10月1日上午，随着他的一声令下，第一颗炮弹击中义县城墙，然后众炮齐发，撕开一道40多米宽的大口子，其他工事也在炮火中纷纷崩塌。我军第三纵队在韩先楚司令员指挥下，迅速冲进突破口，与敌人展开巷战。前后不到6个小时，全歼守城之敌，义县回到人民手中。

人民炮兵在义县战斗中的杰出表现和成功打法，再次证明朱瑞战术思想的正确和实用。他为了及时了解第一手情况，未等战斗完全结束，便走出指挥所，奋不顾身向突破口冲去。孰料，意外发生了，敌人预先埋设的地雷突然爆炸，朱瑞当场牺牲。广大指战员尚未享受胜利的喜悦，却已饱尝失去司令员的巨大悲痛。

10月1日，朱瑞的牺牲日，也是一年后新中国的诞生日。1949年10月1日，伟大领袖毛泽东主席向全世界庄严宣告了中华人民共和国的成立。朱瑞没有赶上新中国成立的这一天，没有看上一眼新社会的灿烂阳光，没有享受一点新生活的幸福快乐。在黎明之前，为他终生奋斗不息的人民解放事业，永远地倒在了三大战役首战即胜的阵地上。即日，党中央发来唁电："朱瑞同志在中国人民解放军的炮兵建设中功勋卓著，今日牺牲，实为中国人民解放事业之巨大损失。中央特致深切悼念，望转告全军，继续为革命战争的彻底胜利而奋斗，以纪念朱瑞同志永垂不朽。”

在深切缅怀朱瑞同志丰功伟绩的时刻，我们还要特别提到并永远铭记：不仅他本人，而且他的家庭亦为中国革命和山东抗战做出了巨大牺牲和特殊贡献，其爱妻时任山东分局妇委委员的陈若克同志，1941年11月在著名的大青山突围战中，不幸落入敌手，惨遭严刑拷打，始终坚贞不屈，献出了22岁的宝贵年华。他们刚刚出生两天、尚未见过父亲一面的幼小婴儿也随同母亲，死于日军屠刀之下。如今，母子二人的英灵长眠在孟良崮革命烈士陵园，所有前去祭奠拜谒的人们，无不在此流下沉痛的眼泪。

朱瑞同志的一生，是革命的一生，战斗的一生，光辉的一生！

朱瑞同志的家庭，也是革命的家庭，战斗的家庭，光辉的家庭！

朱瑞同志千古！

半是战士半书生

——夏征农百年传奇

夏征农，我们的老校长。

一个在中国革命史、文学史、教育史、辞书史上如雷贯耳的响当当的名字！他把自己漫长的百岁人生，奉献于人民解放和民族复兴事业，以坚定的理想信念、崇高的革命节操、先进的教育思想、严谨的治学态度，铸就了一座辉煌的历史丰碑。其传奇人生，一如他的精彩诗句，“半是战士半书生，一行政治一行诗”，彰显着他的书生本色、战士风采、学者品格、君子傲骨、人瑞高风。今天，让我们后来人品读夏老，如一本大书，受用无尽；似一个富矿，取之不竭；像一座昆仑，仰止景止；若一颗北斗，楷模终生。

戎马一书生

1904年1月31日，夏征农出生于江西丰城一个名门望族。这座赣水养育的古城，物华天宝，人杰地灵，其周边名家辈出，灿若星斗。夏老正是在这方人文荟萃的宝地滋养下，成长为一棵参天大树。他经过少年启蒙，学业日进，最后毕业于著名学府金陵大学和复旦大学。然后投笔从戎，参加革命。

1926年，在南京加入中国共产党。1927年8月1日，参加周恩来、朱德、贺龙等领导的南昌起义。1928年起，任复旦大学共青团支部书记，江苏团省委秘书，《海上青年》杂志主编。1928年开始发表作品，较早从事左翼文学革命活动。1929年再回复旦，从事地下工作，并在此深入精研马克思主义理论。1935年，担任陈望道主持的《太白》半月刊编辑。在这份刊物上，为鲁迅先生编发《不知肉味和不知水味》《名人与名言》《中国失掉自信心了吗》等名篇。他也由此与鲁迅结缘。1933年，加入中国左翼作家联盟。

抗战全面爆发后，1938年从南昌来到皖南，脱下长衫，拿起枪杆，毅然参加了新四军，亲身经历了皖南事变，让他完成了由书生到战士的蜕变。此后，历任新四军统战部副部长兼民运部部长，苏中军区军政委员会秘书长、第一师调查研究室主任，苏中第四专员公署秘书主任，苏中公学教育长、政治部主任、校长，华中建设大学副校长，山东省军区政治部副主任，济南特别市委宣传部部长、常委、副书记，中共中央山东分局宣传部副部长、部长、分局委员，中共山东省委常委、宣传部部长、副书记、书记处书记，中共济南市委第四书记，中共华东局宣传部部长，直至1966年“文革”被罢免。

“文革”结束后，出任复旦大学党委第一书记，上海大学首席顾问，中共上海市委书记处书记，中共中央顾问委员会委员，兼任上海市文联主席、社联名誉主席，中国《大百科全书》总主编、《辞海》总主编。《辞海》总主编是他任职最久的一个岗位，前后长达30年，创了历史之最。

2002年，在他98岁高龄之际，《大辞海》编纂出版工作启动。夏征农以近百岁之身，披挂上阵出任总主编，是当时全世界最年长的大型辞书掌舵人，又创了一个历史之最。他还是全国第一届人大代表，中共八大代表、十二大列席代表，中共十三大、十四大、十五大、十六大、十七大特邀代表。

2008年10月4日11时16分，夏征农在上海华东医院安然离世，享年105岁，是我们党和国家高级干部中十分罕见的一位老寿星。

风雨左联情

20世纪30年代之初，由我们党发起成立和直接领导的上海左翼作家联盟，以鲁迅为旗手，组织和团结一大批革命人士和进步青年，笔作刀枪，民族救亡，活跃于孤岛上海。在这支队伍里，到处闪现着夏征农忙碌的身影。那时，他已是左联成员，笔耕不辍，勤奋写作，其主要小说《禾场上》《十一个长夫》《春天的故事》等，都发表在这一时期的上海文学刊物上。他还参与筹办和编辑了《春光》《读书生活》《新认识》等杂志。当时影响很大的柳湜的《街头讲话》、艾思奇的《大众哲学》、夏征农主编的《文学问答集》，都是左联《申报》"读书问答栏"的产物。

1934年，陈望道先生约夏征农主持《太白》半月刊。这一时期，因编辑稿件，他与鲁迅先生的通信多了起来。夏征农早就崇拜鲁迅，一直说："鲁迅先生是我一生敬仰的人，他在我的心中留下了不可磨灭的印象。"1927年在复旦时，他就拜读了鲁迅的许多作品。这一年。鲁迅应陈望道之邀，到复旦大学演讲，夏征农得以近距离面见先生，仰慕之心骤然倍增。随后便经常致信先生，请其给予指导。而鲁迅对这位素昧平生的文学青年，每每有问必答，热情提携。这让夏征农万分感动之余，醍醐灌顶，深得真传。1935年8月21日傍晚，陈望道请鲁迅吃饭，并让夏征农作陪。这是他第一次与鲁迅先生直接会面，着实让他受宠若惊，甚至手足无措。平日“高山仰止景行行止”的大文豪，居然比肩而坐，同桌就餐。如此可望而不可即的机缘，让年轻的夏征农直呼三生有幸！然而，他没有想到，并且引为终生荣耀也是遗憾的是，这是他第一次也是最后一次面见鲁迅。不久，先生英年辞世。夏征农深怀无限哀思，约请相知朋友，编辑出版了《鲁迅研究》一书，寄托缅怀之情。这是鲁迅逝世后的第一部关于鲁迅思想的研究文集，在当时产生很大的反响。

夏征农终生珍藏，有一套1938年版的《鲁迅全集》。无论何时，无论何地，他总是把这部书带在身边。有人想借，一向大方的他，却又十分“小气”：对不起，不出借。直到2005年，他已91岁，才恋恋不舍地把书捐给了上海鲁迅纪念馆。因为他知道：“这是此书最好的归宿，也是对鲁迅最好的纪念。”

治校赋良方

1955年4月，山东省委按照中央指示和《关于轮训全党高中级干部和调整党校的计划》，将山东行政学院、山东政治学校整建制并入山东省委党校，在此基础上成立中央第四中级党校。6月，中央下文，任命山东省委书记处书记夏征农兼任校长、党委第一书记。从此，他又担起了干部教育培训工作的历史重任。党校姓党，在校言校。夏征农随之到任，深入基层，召开座谈会，走访师生员工，了解在领导作风、思想作风，特别是教学工作方面存在的问题，以便实施有的放矢的指导。在调研的基础上，夏征农认为，党校工作做得是好的，是有成绩的。问题在于，教师的教学积极性和学员的学习积极性未能很好地调动起来。加之党校由三个学校合并而成，各有不同的历史，不同的作风，如果忽略这个特点，也容易产生片面性。情况明，决心大。针对问题，夏征农提出治校三策：

一、关于教学工作。他强调党校的方针是“学习理论、联系实际、提高认识、增强党性”。要做到这一点，主要看教学好不好。而教学中的主要问题，第一，是教条主义。课程的设置，不按中级党校的情况来考虑，而是照搬高级党校，教材也用高级党校的，弄得教师累得要命，学员消化不了。特别是政治经济学，用苏联编的教科书，不仅内容多，而且都是苏联的事，学员更难领会。因此，他提议，在课程设置上，将五门课改为哲学、政治经济学、中国革命运动史三门，把联共党史的内容放在政治经济学里讲，把党的建设与中共党史合为中国革命运动史。在教材内容上，哲学主要根据毛泽东的《实践论》和《矛盾论》编写教材系统讲授。

政治经济学更多地联系中国经验，资本主义部分少讲。在学习方法上，实行“上课、自学”加漫谈讨论的方式，把三者结合起来。第二，是理论脱离实际。教员讲课，要用自己的话讲解，不要照本宣科；要多用现实的事例、少用外国的事例作解释；要根据原理分析现实问题；还要对当前实际问题进行综合研究，得出结论，提到理论高度充实理论原则。第三，是教员进修问题。首先要把课程内容及马列主义基本知识弄通；其次是加强研究工作，特别是着重研究与当前实际工作有关的问题，恢复过去的科学研究委员会，专门负责科学研究工作；还必须到实际工作中去学习，每个教员每年拿两个月，到工厂、农村调查研究，同工人、农民交朋友，在实践中接受教育锻炼。此外，省委有一些重要报告，可以尽量吸收党校同志去听，或专门到这里传达。还可以请省里负责的同志来讲一些专门问题，如工业、农业、财经、自然科学等。有关文件、报刊可尽量发给党校，不要照老规矩，哪级干部看哪级文件。党校在看书这方面，应该有点特殊。第四，是培养新生力量问题。党校理论教员的队伍还不大、不强，能够上课的很少，必须充实。教员可以调进来，但主要靠自己培养，要有制度，有计划地培养理论干部，充实加强理论教学队伍。第五，是学员课外指导问题。必须明确这样的观点：党校的唯一任务是教学，一切为教学服务。校领导必须当作第一位来抓，校长、处长都要能教一门课，现在教不了的，要学着教，这样才能领导教学。否则，一切为教学服务就是空谈。

二、关于思想工作。针对学员的思想状况，急需解决的问题是纪律松弛，学习松劲。结业还有三个月，有的已在准备回家了，这怎么行！在机关干部教育方面，要解决名利思想，为评级不满、发牢骚、闹、哭等；还有自满情绪、自由主义、教学与行政的团结问题。为此要建立一套思想工作制度，领导同各方面广泛接触，了解思想问题，熟悉思想情况。

三、关于领导问题。把教学力量发挥起来，关键在于领导。校领导特别是校长，应注意克服官僚主义，更多地听取大家意见，深入教员，深入学员。校党委要实行集体领导与分工负责相结合的制度。校机关党的工作实行两种领导，省直机关党委可以布置工作，学校党委也有权决定，相互及时沟通协调。

真是高人高见，行家里手。夏征农60多年前提出的“治校三策”，如今依然不嫌落后，闪现着时代的思想光芒和政治智慧。让我们后来人自愧不如，肃然起敬。

骨傲品自高

百年人生路，直面坎坷行。夏老一生从无傲气，但却练就一身傲骨。无论是戎马生涯，还是文化战线，他的定位都是“中国共产党的优秀党员、忠诚的共产主义战士”。他是1927年打响第一枪的“南昌起义”参与者，是1941年震惊中外的皖南事变亲历者。1929年，他在复旦大学从事地下工作时曾被捕，蹲国民党的监狱两年多。此前上海党组织曾派其赴苏留学，他却坚持留下，不顾危险，进入复旦，一边读书，一边从事地下工作。

1959年，身为山东省委副书记的夏征农，因同情右派、反右派不力，被免去职务，降为一家人民公社的书记。1962年，被重新起用后担任中共华东局宣传部部长。1965年，江青在上海抓“样板戏”。夏征农不以为然，在华东地区京剧会演闭幕式上讲：“如果有样板戏，那也应该分层次，有不同要求。省、市应该有省、市的‘样板戏’，地区应该有地区的‘样板戏’。应该发动戏剧界大家来搞。如果只有一种样板，只有几个‘样板戏’，这能占领社会主义戏剧舞台吗？”江青听后，大为不快。此后，姚文元的《评新编历史剧〈海瑞罢官〉》公开发表。华东局要宣传部三天汇报一次对此文的反映。夏征农很反感，觉得把这出戏说成是“反党反社会主义”太过分了。而且，既然是以姚文元个人名义发表，怎么可以代表党中央呢？于是，他把“球”踢了出去，说：“这事宣传部管不了，应该由办公厅来管。”翌年2月，他在审看《华东通讯》一篇文章时，把引用的《部队文艺工作座谈会纪要》上的一段话果断删去。这下又触犯了江青。1966年5月，江青在一次会议上发言，指责夏征农反对京剧革命、反对毛泽东思想。1966年6月，夏征农被免去中共华东局宣传部部长职务，是“文革”开始后上海第一个被罢免的高级干部。

2002年11月，夏征农以99岁高龄，应邀出席党的第十六次全国代表大会。其间，吟诗一首向大会献礼：“六入京都为党谋，敢因衰老不分忧。欢呼祖国愈强盛，高唱和平是主流。反对霸权成众志，清除腐败解民愁。相期后浪超前浪，高举旗帜千万秋。”（“六入”，是指他曾经六次出席全国党代会。）他说，“我1926年10月在南京加入共产党。当时庄严宣誓：永远跟党，永不叛党，为共产主义奋斗终身。我一辈子记住我的入党誓言，什么时候都不会忘记”。

百岁总主编

《辞海》是中国最具权威的大型综合性辞典。夏征农与

《辞海》有着不解之缘。1978年，74岁的他继舒新城、陈望道之后，出任《辞海》第三任总主编。他自知余年日紧，时不待人，老马嘶枥，夕牛奋蹄，更加勤奋地工作，促使1979年版、1989年版和1999年版《辞海》相继出版，发行量逾600万部，还出版了1100多万卷的分册。2002年，编纂《大辞海》的工作开始启动，他又以98岁高龄出任总主编，成为古今辞书史上的一代传奇。

百岁披甲，风采依旧。守正求新，锐意进取，依然是夏征农不变的初心和永恒的宗旨。他一贯强调，不唯上，不唯书，只唯实。解放思想，实事求是，成为解决《辞海》编纂中各种问题的金钥匙。比如编1979年版时，《关于建国以来党的若干历史问题的决议》尚未出台，许多疑难问题一个个地摆在编辑部面前。“无产阶级专政下继续革命”“阶级斗争”“路线斗争”“文化大革命”等条目怎么写？国民党以及台湾问题怎么写？陈独秀、瞿秋白、刘少奇、林彪、康生、谢富治等怎么写？夏征农明确表态：“《辞海》采取什么方针？要实事求是。尊重客观事实，尊重实际效果。”“要我们负责，我们就要敢于负责。”

2005年，夏老102岁高龄，出席“2009年版辞海编纂动员大会”，他在讲话中强调：“《辞海》是一部综合性的工具书，在编纂过程中要吐故纳新。什么词汇已经过时了，不适用了，大家不再去用，就可以去掉；有些新出现的词汇要收进去。吐故纳新，这是很重要的一条。”夏老的“求新”，使《辞海》与时俱进常出常新，成为大家案头最权威的大型工具书。

编纂《大辞海》时，有些人以为夏老年事已高，出任总主编不过挂个虚名罢了。此说大谬。《大辞海》篇幅是《辞海》的2.5倍，鸿篇巨制，卷帙浩繁，诸多重大问题仍由他拍板定案。《大辞海》开会，他都参加。2003年，《大辞海》开始出版分卷，如今哲学、法学、医药学、语言学等卷已经面世。2004年1月，在百岁生日时，夏老赋诗一首：“人生百岁亦寻常，乐事无如晚节香。有限余年乃足惜，完成最后一篇章。”这“最后一篇章”，就是《大辞海》。而这一章，何其辉煌！2009年版的《辞海》，特别增补“夏征农”条目，从而让夏老永垂千古。这应该是对老人家最美好的纪念吧！记得范仲淹《严先生祠堂记》结尾作歌曰：“云山苍苍，江水泱泱。先生之风，山高水长。”将此歌送给夏老，也应该是对老人家最深情的祭奠吧！

一包菜籽见精神

——记老校长任质斌

20世纪60年代之初的生活困难时期，一位兼任省委党校校长的省领导，发动和组织党校开展生产自救，亲自参加开荒种地，帮助党校师生渡过了自然灾害造成的生活难关。有一次，他想买回一包菜种，带到自己家里开荒种菜。党校负责此事的人员说：“你拿走就是，不用买。”老领导说：“菜种子是公家的，不拿钱买怎么行？那不就公私不分了吗？”硬是交上了两毛钱，才取走了一包菜种子。这一幕的主人，就是我们的老校长任质斌。

1959年底到1960年，山东爆发了闻名全国的大饥荒。党校也未幸免，近200名教职工和1000余名学员陷入了饥肠辘辘之中，不要说正常的工作和学习，就连日常生活的标准也难以维持了。

“困难面前有组织，危险面前有党员，饥饿吓不倒党校人。”在省委的领导下，党校党委站出来了，决定带领全校师生，行动起来，生产自救。随之，全校开展起了轰轰烈烈的生产高潮。很短时间，在校园内开出荒地20多亩，在匡山开荒30多亩。种菜、种粮、养鸡、养猪，还做豆腐、泡咸菜，一时热火朝天，蔚为大观。当时，身为山东省委书记处书记的任质斌兼任省委党校校长，他深入实际，身体力行，成功地组织和领导了这一让党校人永难忘记的特殊活动。这个故事的完整过程，作者将另文专述。这里所要写的，是任质斌老校长的革命经历及其卓越贡献。

辉煌生平

任质斌是山东即墨人。1932年加入中国共产主义青年团。1934年转入中国共产党。曾任中央苏区反帝总同盟代理主任，《红色中华》报社秘书长、社长，苏维埃政府西北办事处秘书长，红军教导师政治部宣传科科长。参加中央苏区反“围剿”和长征。卢沟桥抗战爆发后，任中共陇东庆阳县委书记，镇原中心县委书记，河南省委副书记，豫鄂边区党委副书记，新四军豫鄂独立游击支队信南第三团政治委员，新四军豫鄂挺进纵队政治部主任、代理政治委员。皖南事变后，任新四军第五师政治部主任、代理政治委员、副政治委员兼政治部主任，并兼任中共河南工委书记，河南挺进兵团政治委员。参与指挥1941年大悟山反击战、1942年底大悟山反“扫荡”、尹集战斗、豫西南战役。抗日战争胜利后，任新四军第五师鄂豫皖野战军政治委员，中原军区第二纵队政治委员，参加中原突围。后任中共中央华东局宣传部代理部长。

中华人民共和国成立后，任中共中央山东分局秘书长、副书记兼统战部部长，中共青岛市委书记，山东省人民政府秘书长，中共中央华东局政治研究室主任，中共安徽省委书记处书记兼秘书长，国家文物事业管理局局长、党组书记。是中共第十一届中央候补委员，第五届全国政协常委，中顾委委员。1998年12月22日在北京逝世，享年93岁。

少年寻道

1915年7月17日，任质斌出生在即墨县城关一个贫苦家庭，父亲任玖湘在其两岁时前往法国做劳工。1921年，任玖湘回国，任质斌已经6岁，父亲用劳工费购置了几间房子和六七亩地。第二年，任质斌被送到私塾读书，开始启蒙教育。三年后，进入胶东中学附属高级小学，一年后升入本校初中。胶东中学的前身是教会学校明德中学，不同于传统私塾，重外文、轻中文，主课讲授《圣经》，这令刚接受传统教育的任质斌深感迷茫，他将目光投向校外的世界。1927年7月，他看到报纸上登出青岛大学附属中学招生启事，便决定离开胶东中学，报考青岛大学附中。经过考试选拔，任质斌如愿以偿。人在关键处往往一两步。这个决定，成其人生至关重要的转折点。

青岛大学的校址原为俾斯麦兵营，是当年德国海军在青岛建设的大型军营之一。校园依山而建，一派欧式古典风格，红瓦绿树，景色优美。在这里，任质斌开始思考人生，寻找方向。据其晚年回忆附中的生活时说："给我印象很深的是，文学研究会作家王统照的一部长篇小说《一叶》。那本书描写旧中国青年的苦闷、没有出路，像树叶一样在大海里漂泊，无法掌握自己命运的状态。这本书对我影响很大，那时候我就开始想，人活着究竟有什么价值？"不断思索的任质斌在青岛市图书馆，借到了曾轰动一时的哲学著作《人生的意义与价值》。这本书的作者是德国哲学家鲁道尔夫·欧肯，于1908年获得诺贝尔文学奖。虽然这本过于艰深的哲学名作没有直接解答任质斌的疑惑，但其坚定的理想主义和进取的人生态度，无疑为其带来了动力和希望。

任质斌进入初三，开始接触到创造社作家郭沫若、太阳社作家蒋光慈等人的文学作品。受作品中反帝反封建的激进思想影响，加之五三惨案的发生、青岛大学被裁撤，七月份毕业后，任质斌决定继续求学。恰逢北平平民大学来青岛招生，任质斌通过考试，成为该校预科班的一名学生。从未离开过家乡的任质斌告别父母，踏上北上的列车。

从海滨青岛来到古都北平，开始了人生新的阶段，威严雄伟的故宫，熙攘热闹的街市，在任质斌眼中，一切都是那么新奇。平民大学位于德胜门内大街大石虎胡同内，国槐夹道，花香馥郁，浓荫如盖。起初报考平民大学，是任质斌对该校新闻学系心仪已久，因为该系创办人、著名记者邵飘萍是其心中的偶像。为理想而来，是前行的最大动力。

1927年大革命失败，北方革命力量受挫，平民大学中的进步势力遭到严重破坏，一心追求进步的任质斌入学后没有找到“组织”。此时的平民大学往日风采不再，同寝舍友夜不归宿，校风陷入颓废状态。失望中的任质斌公开提出不满与建议，结果引起校方的警觉。1930年暑假前夕，学校教务长告知他：“下学期不要来了。”这是没有公开张榜的开除决定。任质斌满怀愤懑和不平，毫无留恋地离开了平民大学。

离开校园后，他不甘于一无所成地回家，决定暂隐实情，留在北平自修，考取其他学校。天不假人，任质斌没能考上大学，却因劳累和压力过重而病倒，不得已返回家乡。

投笔从戎

1931年，九一八事变爆发。躺在床上养病的任质斌，不断收到同学的来信，知道北平抗日救亡运动日渐高涨。他心潮难平，再也住不下去了，没等身体完全康复，于1932年3月再次回到北平。任质斌发现这时的社会氛围与一年前大不相同，书摊上出现了许多革命书刊。据其晚年回忆："有马克思、恩格斯的《共产党宣言》，有布哈林的《共产主义ABC》。还有瞿秋白的《中国革命向何处》，有中共北方局主办的党内刊物《红旗》。"他买来这些书籍，如饥似渴地学习，同时还学着写文章。当时可能出于安全考虑，党刊一般不印通信地址。有一天，任质斌偶然发现《少年之友》印有通信地址，立即写信联系，并投上自己写的文章。几天后，一位十七八岁、自称名叫常沙的青年找到他，两人一见如故，倾心交谈。相处一段时间后，常沙问他是否愿意加入《少年之友》编辑工作，任质斌欣然前往。这时，他才知道《少年之友》社是河北省反帝大同盟青年部的外围组织。进入《少年之友》的任质斌找到了方向与组织，工作积极认真，在动荡不安的时局下，与志同道合的朋友们坚持《少年之友》的编辑和发行。不久，他被常沙介绍加入河北省反帝大同盟，并担任《少年之友》社主任。

这年7月，任质斌考进中国大学商学系。此时的他，虽然进入理想中的校园，但国家正值“危难存亡之秋”，任质斌已无心读书。他继续主持《少年之友》主要工作，并投身到轰轰烈烈的抗日活动中去。9月，一位名叫严类若的中国大学学生找任质斌谈话，问他有无加入共青团的想法。任质斌十分惊喜，激动地表示，愿意加入组织。几天后，任质斌成为一名共青团员。10月中旬，严类若通知他，中共河北省委派其去江西中央革命根据地参观学习，学成回来负责参与指导北方地区开展武装斗争，创建新的苏区。

得到组织的信任和安排，任质斌欣喜不已，匆忙将书籍和衣物托付给即墨同乡徐守伟，便即刻前往天津，与其他同志会合共同南下。这时，任质斌还未满18岁，怀着满腔热血，决心为国家、为民族奉献自己的青春。

任质斌由北京到达天津，与其他前往南方学习的同志会合，一行5人乘轮船前往上海，再转赴中央革命根据地。10月底抵达上海，与中共地下组织接上关系。根据设在上海的临时中央决定，河北省赴苏区人员只派任质斌一人前往江西，其他四人另行安排。

当时蒋介石正纠集40万大军，发动第四次反革命“围剿”，将中央革命根据地团团包围。任质斌的任务就是突破重围，进入苏区。上海地下党为之选择了一条隐秘交通线：不经香港，直放汕头，经潮州、大浦、清溪、永定潜赴中央苏区。在中共地下组织的护送下，任质斌安全到达瑞金城东北方向的叶坪村——当时中共苏区中央局、中华苏维埃共和国临时中央政府驻地。报到后，任质斌随团参观瑞金、宁都、兴国、胜利等县，对政权建设、地方武装、群团建设、经济建设、教育事业、文化事业等方面形成全面深刻的认识。白天参观学习，夜晚记录整理，常常忙到天亮。他把学习所得写成《参观兴国以后的感想》一文，在临时中央机关报《红色中华》报上发表。一个月后，参观学习结束，任质斌准备返回北平。

红色报人

但是他却回不去了，因其工作认真，崭露头角，得到组织认可。1933年2月，苏区中央局组织部部长任弼时与其谈话，告知留他在中央工作，担任中央苏区反帝拥苏总同盟代理主席。半年后，调任《红色中华》报任专职编辑，与已在报社工作的谢然之共同负责《红色中华》报、“参考消息”、《工农通讯员》等的编印发行工作，并为红色中华通讯社提供播发新闻。1934年1月，瞿秋白来到中央苏区，担任《红色中华》报社社长兼主编，任质斌任秘书长，主持日常工作。他晚年回忆说：“常驻在编辑部的几个人，工作很辛苦，采访、写稿、译电、刻蜡纸、校对，什么都干。夜以继日，很少休息、娱乐。”作为中央机关报的负责人，任质斌采访了许多中央领导人，并向他们汇报工作、听取对报纸工作的指示。

1934年，中央苏区形势越发严峻，反“围剿”作战消耗极大。面对日渐拮据的财政状况，苏维埃中央政府提出节省行政费用的要求。任质斌积极响应，推出“四个月节省八十万，支持第五次反‘围剿’战争”的活动，在《红色中华》第一版刊发了号召书。号召一出，反响强烈，节约运动广泛开展，很快取得显著成效。

天有不测风云。正当任质斌意气风发、努力工作之时，却因博古一篇文章的发表日期而撤职了。起因是，博古把关于“扩红”的长文《我们的位置在那边，在前线上，站在前线的最前面！》交给任质斌，让其在《红色中华》发表。任质斌立马安排在第189期第一版整版见报。但是，《红色中华》由中央印刷厂负责印制，而此时印刷厂正在赶印钞票、公债券和中央文件、政府公告，原定于5月16日出版的《红色中华》因此延误。此事触怒博古，任质斌受到严厉批评，随之宣布撤职。

书生长征

1934年10月3日，《红色中华》出版第240期，这是在长征开始前撤离江西的最后一期。中央苏区的党政工团和后勤部门组成近万人的第二纵队，由李维汉任司令员兼政治委员率领，走上万里迢迢长征路。李维汉亲自安排任质斌跟随红九军团，并写了介绍信，让其连夜到会昌县城报到。

初入军旅的任质斌，生活处处不适应，半生不熟的行军饭，和衣而睡的宿营觉。但很快他就学会了打背包，习惯了半夜启程。10月21日，红九军团在古陂、新田突破第一道封锁线，而后大庾黄龙阻敌，付出惨重伤亡，紧接着突破了第二道、第三道、第四道封锁线。任质斌第一次直面激烈战争的冷酷与残忍，强烈震撼着内心深处。他积极投身于宣传工作，一边跟随队伍行军，一边采访、编写新闻战报，编印传单式报纸，刻蜡纸、油印，鼓舞士气，并向沿途群众进行动员、宣传。

任质斌的出色工作，得到上级认可，中央纵队来电，调任质斌去中革军委机关报《红星报》工作。1935年1月，任质斌来到《红星报》，与陆定一成为战友和同事，在极其恶劣的环境下，坚持办报，十天或半个月一期，每期油印七八百份，分发各个连队。

长征队伍来到金沙江畔，渡江的场面十分壮观，人在船上牵着缰绳，马和骡子浮水。任质斌不会游泳，就拉着马尾巴后头，昂着头过了江。

5月12日，军委纵队抵达会理城郊的铁厂，并举行扩大会议，史称会理会议，进一步巩固了遵义会议的成果。会议结束后，任质斌被调到红三军团，负责编辑《战士报》，八开油印，共出版200多期。随后，红三军团爬雪山，过草地。任质斌晚年回忆说：“部队在爬雪山中途站着休息时，有一个同志离开队伍去解手。部队休整后要继续前进，我就跑过去喊他快走，那个同志蹲在那里不说话，只是表情僵硬地冲着我笑。我就把他搀起来，刚一松手，他就倒在雪地上死了。我不知道他叫什么，但是永远记着他临死前被冻僵的有点古怪的笑容。过草地更艰苦，一望无际的草原，树很少很少，草长得米把高。八九月间每天下雨，草地都是湿的。有很多暗沟被草遮了起来，人一旦踏上去就很危险。沟里都是泥沼，要是和队伍在一起，踩下去其他人可以帮忙拉出来；如果自己一个人踩下去，就越挣扎陷得越深，直到灭顶。草地没有粮食，没有人烟，带的干粮吃完了，就吃草地上一种野蒜。”

文物管家

长征胜利到达陕北后，直到抗日战争、解放战争的全部过程中，任质斌先后担任一系列重要领导职务，在各个岗位上做出了重要的贡献。

新中国成立后，先后在山东、安徽两省工作。1979年12月22日，任国家文物事业管理局局长、党组书记，成为“国家的文物大管家”。此时，“文革”导致“家底”不清，文物保护政策不明确，管理和专业人才紧缺，文物保管尚未形成体系。面对一系列难题，任质斌决定在自己不熟悉的领域，开始新的挑战。他一边处理“文革”遗留问题，一边召集专家调查研究，广泛听取建议与意见，四个月后，于1980年4月向国务院正式提交了《关于拟召开全国文物工作会议的请示报告》，得到国务院副总理王任重批示同意。使文物保护工作得到应有的重视，并逐步走上正轨。此后，任质斌领导起草《中华人民共和国文物保护法（草案）》，于1982年11月19日，经第五届全国人大第二十五次会议通过，叶剑英委员长签署，《中华人民共和国文物保护法》公布施行。从此，我国文物工作走上了法规化的轨道。

任质斌在长期的革命生涯中，砥砺前行，艰辛奋斗，是革命的一生，奉献的一生，光辉的一生。

英雄血洒对崮山

——缅怀潘维周同志

潘维周，是省委党校的筹建者，是主持工作的首任副校长。

1938年10月，岸堤干校举办第二期时，苏鲁豫皖边区省委为适应党的事业发展和抗日战争的需要，决定建立边区省委党校（起初称为党训班），由省委书记郭洪涛兼任校长，派潘维周任副校长负责筹建。当时党组织处于秘密状态，党校的公开名称是“山东抗日军政干部学校分校”，简称“干分校”。初建时，工作人员很少，只有4名教职员和2名炊事员。经过简单筹备，党校第一期于11月开学。12月，苏鲁豫皖边区省委改为山东分局，党校随之改称山东分局党校。不久，分局移驻沂水县王庄，党校也由白佛寺迁至距离王庄5公里的夏蔚。1939年初，党校从学员中遴选了一批人员留校工作，教职工增至20人。于是决定设立政治部，由潘维周兼任政治部主任。同时设立教育科、总务科、组织科。当年夏，根据党校扩大招生的情况，将这三个科分别改为教务处、总务处、政治处。不久，日军开始对沂蒙山区进行第一次大“扫荡”，党校转移到沂水北部地区。

1941年11月2日拂晓，驻沂水城、东里店、大关之地8000余日伪军，在其空军和炮兵配合下，分11路向对崮山根据地实行“拉网合围”。当时驻在那里的有山东军区机关、战工会、鲁中二分区一团、抗大一分校部分学生、沂水县大队和国民党五十一军的一个营。敌人合围完成后，即向我军发起疯狂的进攻，我方被迫从对崮峪村撤至对崮山上。

对崮峪村，位于沂水县城西北40公里处群山环绕的山谷里，海拔500多米的对崮山雄立村前。对崮山顶东西长约500米，南北250米，草木稀疏，怪石嶙峋，周边有一圈倒塌的围墙，还有几处残垣破壁。东面是30米高的悬崖峭壁，西面和南面是可以攀登的山坡，东北500米处有两个小高地与主峰连接，形成主峰的前沿阵地，整个地形对我有利。

上山后，山东军区副司令员王建安立即命令军区特务营和鲁中二分区一团，以一个排占领对崮山东北小高地，其余全部在对崮山顶构筑阵地准备迎敌。清晨，敌人首先以猛烈炮火轰击山上我军阵地，长达40分钟。10时30分左右，日伪军从三面向对崮山发起进攻，我军和友军英勇阻击，山上硝烟弥漫，弹片和石块乱飞。下午1时许，敌人逼近围墙，我军与敌人展开白刃战，军区机关人员也投入了战斗，连续打退敌人8次进攻。狡猾的日军把抓来的乡亲赶在前面掩护他们进攻。八路军怕误伤群众只好暂停射击，乡亲们也怕把日军引上山，誓死不再向前。僵持片刻后，残暴的敌人竟开枪杀害群众，我军复仇的子弹立即打得敌人连滚带爬仓皇后退。

战至黄昏，机关在部队的掩护下分路突出重围。这时，敌人对留在后面掩护的我军区特务营发起攻击。特务营指战员们奋勇拼杀，伤亡惨重，最后只剩下14位同志，撤至对崮山东侧悬崖边，在子弹已经打光、敌人逼近身边的紧急关头，14人誓死不做俘虏，由营长严雨霖带领，纵身跳下悬崖，其中8人幸存，6人壮烈牺牲，完成了掩护机关撤退的任务，谱写了一曲英雄赞歌。

这次战斗，粉碎了日军妄图消灭山东领导机关和主力部队、摧毁鲁中抗日根据地的狂妄企图，给日伪军以重创，共毙伤敌人600余名。我军也遭受重大损失，400名指战员光荣牺牲，山东省战工会主任黎玉身负重伤。已由党校副校长调任沂蒙地委组织部部长的潘维周在战斗中壮烈牺牲，为中国人民的解放事业献出了宝贵的生命，年仅25岁。

潘维周少怀大志，投身革命，是一位毕业于抗大的优秀年轻干部。1938年4月，作为郭洪涛率领的50名赴鲁干部之一，从延安来到山东抗日前线。同行的还有后来担任过北京市委书记的段君毅、担任过山西省委书记的霍士廉等同志。行前，毛泽东主席亲切接见了他们，殷切希望大家，到达根据地以后，要像柳树一样，插到哪里都能活；要像松柏一样，天寒地冻也常绿。潘维周用自己的英雄壮举，践行了领袖的谆谆教导和党的根本宗旨。

文韬武略一戎衣

——缅怀陈明同志

陈明是我们党和人民军队一位有名的才子，文武兼备，才华横溢。早在大革命时期，就曾担任福建临时省委负责人，后又长期从事部队思想政治工作。1939年冬到1940年10月，由一一五师宣传部部长，调任山东分局高级党校副校长，主持日常工作。被山东分局书记朱瑞称为“有造诣的理论家”。1941年11月，在大青山突围中壮烈牺牲，实现了他生前亲笔写下的“奋身伐贼，虽死犹荣”的豪迈誓言。

少年壮志

福建，自古“多山多水多才子”。

1902年3月，陈明生于闽南龙岩县东肖镇龙聚村一个农民家庭。父亲陈庭佐，憨厚纯朴，耕田为生，兼事屠宰。母亲郑连地，勤俭持家，也常打短，赚些零钱补贴家用。陈明兄妹10人，身为长子，家口众多，生活艰难。但父母节衣缩食，供他上学。陈明得以在本村上了两年私塾，又到贝岗小学读书，15岁考入福建省立第九中学。

时逢“五四”，新潮涌动。陈明与同学们一起，上街游行，发表演讲，宣传新文化新思潮。1921年，他在省立九中毕业，执教于桐岗小学，与邓子恢、林仙亭、章独奇等人发起组织“奇山书社”，集资购买《新潮》《新青年》《共产党宣言》《共产主义ABC》等书籍，供大家阅读研究，旨在“先从改造个人做起，而后及于改造社会”。1923年9月，创办了以“宣传新文化，改造旧社会”为宗旨的进步刊物《岩声》。至1926年底，发行40多期，除了福建、江西、广东、台湾等地，还远销到新加坡、印尼、缅甸等东南亚地区。陈明既是该刊的发起人，又是主要撰稿人。他在《争回我们的自由之路》一篇诗歌中这样写道：

然而不斗而生，不若斗而死，
奋身伐贼，虽死犹荣。
虽然失去了我们生活的资料，

却得到了我们生命的源泉；

努力呀！奋斗呀！

守此生命的源泉，

坚持到底，发挥广大，

反抗一切民贼，一切强权，

争回我们的自由之路。

正当陈明向社会大声疾呼之时，父母却担心他会惹是生非，远走高飞，催其提早与童养媳成婚。陈明不屈服封建牢笼的压力，不畏惧世俗偏见的责难，耐心地跟父母和女方讲明道理，终于说服了他们。陈明高兴地对同事说："这是我同封建礼教斗争的一次胜利！"

赤心向党

革命，必然跟定共产党。于国于家，都是唯一的正确选择。

1925年4月，陈明到厦门中山中学任教。其时共青团两广区委成立厦门支部，陈明加入了团组织。1926年1月，为进一步寻找革命真理，陈明来到上海大学半工半读，同时兼任厦门《江声报》驻沪特约通讯员。上海大学是由我党创办培养革命骨干的学校。陈明一面有了更多的机会学习马列主义，一面又直接目睹了上海的工人斗争，革命志向更加明确，阶级立场更加坚定。同年10月，他由上海大学党支部书记张耕和李思安介绍，加入中国共产党，走上了职业革命家的道路。

这年冬天，陈明受党组织委派到达广州，任国民革命军东路军政治部组织科科长，协助政治部主任江董琴（国民党左派）调配选用干部，巩固和发展党的统一战线。东路军占领福州后，他推荐了一批共产党员和国民党左派，到各专区任政治监察专员，掌握地方革命政权。

1927年1月，陈明受命主编《福建评论社》。他积极撰写文章，抨击北洋军阀，宣传“三大政策”，传播革命真理，使《福建评论社》成为当时宣传革命理论，反击国民党右派，维护孙文主义的重要阵地。

同年4月蒋介石发动“四一二”反革命政变。福州、厦门的国民党右派紧追其后，大肆屠杀、逮捕、通缉共产党员和工农运动积极分子。中共福州地委书记徐琛、宣传部部长方尔灏、厦门市总工会委员长罗扬才等优秀共产党员惨遭杀害，各地工会、农会被解散，党组织遭到严重破坏，陈明也被通缉追捕。为了向党中央报告福建情况，他辗转来到武汉，见到了瞿秋白、周恩来等中央领导人，聆听了国内革命形势和敌我力量对比的介绍，看到了《湖南农民运动考察报告》等文章，更加坚定了革命立场，增强了必胜信心。

投身农运

农民是中国革命主力军。当年，毛泽东大声疾呼农民运动“好得很”。

1927年7月，在中国革命的紧急关头，中共中央根据共产国际的指示进行改组，停止了陈独秀的职权，由周恩来、李维汉、张太雷、李立三等组成临时中央党务委员会，主持日常工作。临时中央即派陈明、陈昭礼两人为党务特派员，赶回福建整顿党组织，恢复和发展农民革命运动。8月，陈明秘密回到厦门。这时，白色恐怖非常严重，面临处境十分险恶，全省党员仅存230余人。

陈明根据中央指示，设立秘密联络通道，分头寻找失散同志，然后召开了闽南特委和南靖、漳州、平和等县的负责人会议，对闽南特委进行了调整，成立中共闽南临时特委，推选李松林、陈祖康、李联星、罗秋天等人为临委委员，陈明为书记。这是闽南党组织在严重困难情况下召开的一次重要会议。

中共闽南临委成立后，恰逢“八一”南昌起义部队入闽，各地农运取得很大进展，特别是龙岩、永定、上杭、平和、漳浦、同安、海澄等县，农会会员达到10万余人。10月，陈明前往上海向党中央汇报请示工作。中央认为福建已经具备成立临时省委的条件，即命他回闽召开各地党组织负责人联席会议，研究成立中共福建临时省委。陈明回闽连夜筹备，联席会议如期召开。他根据“八七”会议精神和党中央指示，向大会作了关于《目前形势与政治任务》的报告，总结过去革命斗争的经验与教训，提出今后工作的方针、任务和策略。会议决定，撤销闽南、闽北临时特委，成立福建临时省委，推选陈明、陈昭礼、罗明等9人为执行委员，陈明为书记。这次会议，使福建党组织第一次实现了全省的统一领导。

在临时省委领导下，各级党组织和全体党员奋发努力，恢复和发展工作进展很快，到12月底，全省恢复和建立了福州、厦门两个市委，龙岩、永定、平和、建瓯、漳州五个县委，武平、南靖、仙游、德化四个特支。共发展新党员600多人。同时还成立了共青团省委，发展团员200余人。在这短短的时间内，陈明把因蒋介石叛变革命而被打散的党团组织迅速恢复发展起来，在福建全省形成一个蔚然壮观的斗争局面。

虎口脱险

敌之监狱，是囚禁志士的牢笼，也是锻造英雄的战场。

农民运动的发展和武装斗争的兴起，引起敌人更大恐慌。他们到处布下密探，跟踪追捕，收买与暗杀中共地下党员。1928年4月，陈明在漳州被捕入狱。

驻守漳州的国民党四十九师师长，曾和陈明一起参加北伐东路军，既知其真实身份，也羡其出众才华，便千方百计，软硬兼施，诱其“改弦更张”，企图为我所用。但陈明心意已决，不为所动，并将计就计，虚与委蛇，寻机撬开屋顶，成功越狱，辗转数日，落脚厦门。与党组织取得联系后，由省委报党中央批准，派他去苏联东方大学深造。

1929年1月，陈明来到莫斯科，入读东方大学中国班。他以惊人的毅力攻克俄语关，刻苦钻研马克思主义哲学、政治经济学、社会发展史、中国近代史等课程。并结合中国实际和自身实践，总结经验教训，提高政治理论水平和实践斗争能力。翌年“五一”国际劳动节，他参加了苏联政府在红场举行的庆祝大会，聆听了斯大林的演讲，开阔了视野，增长了见识。

两年后，陈明毕业回国，相继担任福建军区宣传部部长、红军总政治部宣传科科长。此时，蒋介石为了推行“攘外必先安内”的反动政策，调集百万大军，亲自坐镇指挥，对中央苏区进行疯狂“围剿”。党中央为配合反“围剿”，在红军大学增设一个高级班，安排陈明去当教官。当时红军大学条件很差，设备非常简陋，生活十分艰苦，陈明以饱满的精神，旺盛的斗志，克服困难，搞好教学，大力提高红军的政治军事素质。他孜孜不倦的学习精神和热情认真的工作态度，深受学员们的敬仰。1934年5月，陈明又调任独立师政治委员，带领部队冲上前线，参加了第五次反“围剿”战争。

参加长征

“红军不怕远征难，万水千山只等闲。”所有经历者，堪为生命的至境。

由于“左”倾盲动主义的错误指挥，中央苏区第五次反“围剿”遭到失败。1934年10月，红军主力被迫突围，开始长征。陈明编入由陈赓任司令员、宋任穷任政治委员的中央纵队干部团，担任训练科科长。

在一年多艰难的长征途中，陈明始终保持着革命乐观主义精神，利用一切机会，把在莫斯科东方大学所学到的十月革命经验和苏联红军英勇战斗的故事，生动有趣地介绍给大家，激发革命情怀，增强革命斗志。他还边行军边讲课，在每人背包上写着“红军”“苏维埃”等字样，热心帮助战士们学文化。在一次击溃川军援兵的战斗中，他的近视眼镜被打掉了一个镜片，顿时视觉倾斜，行军难度增大，他便折一树枝作为拐杖，有时在地上摸爬着走路，从不叫苦，从未掉队。

1935年5月，红军到达大凉山彝族地区。在大渡河南岸的安顺场渡口，陈明绘声绘色地讲起太平天国石达开的故事，他说1863年3月，翼王石达开在南京与洪秀全分裂，独自率部4万余人辗转来到这里，由于河水阻挡，弹尽粮绝，不幸被清朝军队打败，导致全军覆灭。现在蒋介石又企图在这里围歼我们，叫嚷：“让共产党做石达开第二。”这真是梦想！我们是共产党和毛泽东领导的革命队伍，是工农红军，不是石达开。我们一定要粉碎蒋介石的阴谋。陈明推陈出新，古为今用，鼓舞了红军将士的必胜信心。

主政党校

“星星之火、可以燎原。”真理是点亮人们心灯的烛光。

1935年10月，中央红军到达陕北吴起镇，胜利地结束了长征。11月，陈明到瓦窖堡中央党校任教。他理论水平高，实践经验丰富。讲课认真负责又耐心诚恳，得到学员的一致好评，说他是一位讲解耐心、诲人不倦的长者。有时青年学员出现思想问题，陈明总会及时发现给予指正，并在事后个别谈心，讲明道理，使之改掉毛病，在政治上提高一步。

1936年6月，陈明到红军大学高级科担任军事、政治教员，后任教导师训练部部长。1937年8月，到八路军总部随营学校任政治委员。1938年10月，调任一一五师宣传部部长。1939年春，跟罗荣桓、陈光、肖华等领导同志一起，跋山涉水，风尘仆仆，取道晋冀边界，转战鲁西平原，到达鲁南抱犊崮山区，投身于巩固和发展山东抗日根据地的历史重任。是年冬，陈明从硝烟弥漫的鲁南战场，来到沂蒙山区的中心地带——沂水县夏蔚、沂南县岸堤、马牧池以及滨海莒南等地，担任山东分局高级党校副校长，协助朱瑞同志主持日常工作。

陈明既有丰富的治校经验又有很高的教学水平，既抓行政，又管教学。当时党校人手很少，只有三四个教员，他亲自担任政治理论课的教学任务，针对当时山东干部普遍缺乏政权建设思想的状况，特别是有的高级干部存在“重武装轻政权”的思想状态，由浅入深，结合实际，把马列主义、毛泽东思想中关于政权建设的学说，作了比较深刻的阐述。着重讲透三个方面：第一，政权是阶级压迫的工具，共产党必须掌握政权。例如北伐战争之所以失败，其主要原因之一，就是因为无产阶级没有掌握枪杆子，没有掌握政权；第二，建立抗日民族统一战线，无产阶级必须联合各抗日阶层，实行“三三制”的抗日民主政策；第三，抗日根据地如果没有自己的政权，则发动群众、组织群众就没有依托，已经开辟的根据地也难以巩固。

在教学过程中，陈明特别强调理论联系实际。他经常带领学员开展社会调查，了解敌占区各阶层人物的政治表现，为开展新区统战和政权建设工作打下基础。同时注重提高学员救国救民的责任感，激发他们抗日救国的爱国热忱。

陈明曾指挥党校学员打过一次成功的突围战。有一次，日伪军包围党校驻地。当时，学员们都很紧张，因为他们原来都在地方工作，缺乏打仗的经验。正当大家着急之时，只见陈明沉着地挑选了几个年轻学员，拿起几支仅有的旧枪，找到敌人的薄弱点，集中火力打开一个缺口，迅速地冲出去，化险为夷，无一损伤。然而，当大家突围后，又与友军——东北军相撞，彼此不明情况，发生误打，党校学员被冲散了，大骂他们不会打日本侵略者，只会打自己人。东北军官兵听到这话，心里既难过又气愤，双方吵了起来。陈明立即赶去，劝开双方，着重批评了党校学员。他说，不了解情况，不能乱说话，不能用旧眼光看待东北军。因为他们受国破家亡的苦难更深，他们对日本侵略者的仇恨更大。听了陈明简短明晰的一席话，双方消除了误会和矛盾。

1940年初，沂水六区发扬民主精神，由群众投票选举区长。陈明以党校代表的名义，到会作了建设政权问题的专题演讲，深刻而又通俗地向群众介绍了有关政权建设的理论及其重大意义。履行选举程序时，由于农民群众文化水平低，不会写字，陈明便采用了投豆粒代替写选票的办法。豆子投完之后，报请沂水县政府，明令公布生效，充分体现了人民当家作主的精神。这就是有名的“豆子选举法”。会后，他

又帮助沂水县委把这一民主选举的好经验总结出来，在《大众日报》以《拥护民主政权》为题发表社论，有力地推动了各地政权建设工作的开展。

捐躯沂蒙

“人生自古谁无死，留取丹心照汗青。”英雄献身的一刻，铸就伟大人格的永恒。

3月8日，是国际妇女争取自由解放的伟大纪念日。1941年的这一天，陈明与山东纵队姐妹剧团团长辛锐结为夫妻。上午，辛锐跟大家一起参加为姐妹剧团成立而举行的庆祝活动。晚上，便来到沂南县青驼寺跟陈明团聚。辛锐原名辛淑荷，是济南一位很有名的民族资本家辛葭舟的二女儿。1938年济南被日军占领，辛家老小离开济南，赶到滕县投奔了八路军。辛锐参加军政干校学习，然后到山东分局妇联任秘书。不久，到沂蒙工作团做地下工作。同志们把她介绍给陈明，征得家父认可，欣然同意结婚。二人不在一起工作，只有周六下午见面。

入冬，日军纠集伪顽5万余人，向我山东抗日根据地沂蒙山区疯狂“扫荡”。此时陈明已升任山东战工会副主任兼秘书长，负责指挥一一五师直属机关干部战士，参与著名的大青山战斗。他的手上，仅有一一五师一个连、山东战工会部分干部、抗日军政干校第五大队、抗大一分校部分学员、蒙山独立支队和一些地方干部及民兵，结果同日军一个旅团的兵力遭遇，从拂晓打到黄昏，战况十分激烈。当我军转移至大谷台时，遭敌合击。山东分局书记朱瑞、一一五师政治委员罗荣桓、山东纵队政治委员黎玉等首长，分别指挥所在部队顽强战斗，分头突围。陈明指挥突围时，四个随身人员牺牲了三个，只剩下年方十几岁的警卫员吴开玉。在东西蒙山之间的大沙河沟崖上，敌人用重机枪交叉火力封锁，陈明被击中双腿，瘫倒在地，无法行动。小吴要背他走，他却镇定地命令："你快跑，活一个算一个。"这时，抗大司令部得悉险情，派出部队前来接应，第一批牺牲了，第二批又上去，眼看快到陈明跟前了，忽听日军叫嚷："优待俘虏！"面对将有被俘的可能，陈明毫无惧色，义无反顾，用仅余的四发子弹，打死了三个日军，把最后一发，留给了自己。这一天，是1941年11月29日。

陈明壮烈牺牲，辛锐一无所知。这时她也身负重伤，正在一个山洞暂时隐蔽。当战士们用担架要把她抬走时，日军搜索到跟前，辛锐毫不犹豫地拉响了手榴弹，炸死了几个日军，而她自己也献出了22岁的宝贵年华！一对革命情侣，新婚未满一年，战场出生入死，尝尽悲欢离合，为了中国人民的解放事业，合唱了一曲悲壮的英雄战歌！

1985年冬，陈明、辛锐两位烈士的遗骨，从沂南革命烈士公墓移葬临沂革命烈士陵园。谷牧同志题写墓碑，宋任穷同志题词：“学习陈明同志为抗击日本侵略者和中国人民的解放事业英勇献身的革命精神！”

“红色教授”是这样炼成的

——缅怀李培南同志

他在延安时期，被战友、同事和年轻学生尊称为“红色教授”。

他能用英、法、德、俄四种语言，阅读和讲解原版的《资本论》。

他将近70年漫长的革命生涯，占80%以上的时间从事党的干部教育和理论研究工作。

他，就是李培南。1942年8月至1945年8月，担任山东分局党校专职副校长，是当时任此职务历时最长的一位校领导。本文所记述的，是李培南一生革命事业的几个片段。

秘密战线

“扣好第一粒扣子”，是人间正道的开端，修身立品的起点，宏图大业的基石。

李培南出生在江苏邳县一个贫苦农民家庭，1927年投身革命，加入了中国共产党。他接受的第一项任务，是受党的派遣到上海，在中央交通局长江线、北平中央北方代表处，从事党的秘密交通联络工作。在白色恐怖的岁月里，他不顾个人安危，日夜奔波，备尝艰辛，出色地完成了艰巨任务，保证了党内秘密文电的安全传递。

李培南跑的交通线，有一条是从上海出发，到南京将省委文件交给南京市委；从南京到徐州，将省委文件交给徐海蚌特委；再将特委文件交蚌埠市委，然后从蚌埠回到上海。沿途经过5个城市，五上五下，须经10次检查。所带文件有的密写，有的明写，必须千方百计避过敌人，免遭意外。李培南严守纪律，机智灵活，加之年轻力壮，上下车、住旅馆、跑马路，闯过了一次又一次的险情。有一天，他执行任务刚回上海，组织叫马上送出《红旗》和一批油印文件。他二话没说，抓紧准备，从药店买了一盒仁丹，内装50小包，把其中的仁丹、说明书取出来，将文件叠好放进去。另外，买了一份《申报》，把《红旗》夹在里面，上头又压了4听糖果。进车站时，检查人员叫他举起双手，搜查全身，接着打开藤篮看糖果，而那盒仁丹却幸运躲过。就这样，安然进站，顺利地完成了任务。

李培南除管理长江线之外，还有一项重要任务，负责接待从外地或莫斯科来沪的同志。其中，给他留下深刻印象的是接应张闻天同志。那是1931年初，重任在身的张闻天到达上海，李培南如约到旅馆接上头。一听到“张闻天”这个名字，顿生景仰和振奋之情，早在师范上学时，他就读过张闻天的小说《旅途》，李培南无法形容内心的喜悦。当时，在那样寒冷的天气，张闻天只披长袍，脚穿胶鞋，外面套着一件羽绒长衫，这套装束既不防寒又不合时宜，容易引起敌特怀疑。李培南赶紧帮他买了符合当地时俗的衣服和鞋袜，迅速把关系转给中央，安全送到机关驻地，为党立了一个大功。

万里长征

“共产党人是用特殊材料制成的。”愈艰愈行，愈挫愈勇。烈火真金，百炼成钢。

1934年10月，中央红军撤出瑞金，开始了举世闻名的万里长征。李培南刚调入红军总政治部宣传部，即随军出发，踏上征途。之后，调到红四方面军的红军大学。红军大学是在张国焘分裂红军、自立中央以后建立起来的，刘伯承兼任校长。

当时，刘伯承是红军总参谋长，有丰富的军事、政治实践经验和很高水平的理论素养，大家在他的领导下都能积极愉快地从事教学和其他工作。那时，红军大学的政治课很难上，特别是党建课的一些基本原则。都会直接涉及张国焘分裂红军、自立中央的反党行为。这样的课该怎样去讲呢？针对这一点，刘伯承指出，面对现实，坚持原则，用马列主义原理和党的纪律，正面教育启发红四方面军的各级干部，把他们引导到正确方向上来。

张国焘做贼心虚，对红军大学政治课的内容非常警觉，有时亲自出马审查；有时派人躲在教室后面偷听；有时就让讲课人向他当面汇报。有一次，李培南讲“党的中央”这一章，其中有党中央是党内那些具有丰富实践经验和很高威望的领袖所组成。张国焘得知后发出冷笑，说：像博古那样的人吗?！流露了他内心极度的不满。

由于刘伯承的正确领导，红军大学在这场严肃的政治斗争中站稳了立场，教学工作获得很好的效果。不仅如此，李培南因为工作需要，期间三过雪山，三过草地，比别人付出了几倍的艰辛和磨难经受了严峻的政治和生死考验。

辛勤园丁

“教师是太阳底下最光辉的职业。”像蜡烛一样，燃烧自己，照亮别人。

李培南从事干部培训工作多年，从做政治教员、班部主任，到担任校长，为党和国家培养了成千上万的干部，付出了毕生的精力和心血。1942年8月到山东分局党校后，直接参与领导县、团以上干部的整风学习，全心致力于提高干部队伍的马列主义水平和军政素质。那时，著名战将许世友任胶东军区司令员，也来党校参加整风学习，是学员中领导级别最高的一位。开始他心里有些疙瘩，全省5个军区司令员，为啥只来一个，是不是中央与分局对自己有看法？许世友是个直性子，感觉很是不爽。李培南便主动与其谈心，直至深夜，使之明白了整风目的是克服宗派主义、山头主义和主观主义，从而进一步加强团结，夺取抗日战争的胜利，组织上对他是充分信任的。真诚的心情，亲切的交谈，让许世友放下了思想包袱，爽直地说：“这是全党的问题，不是个人的问题，有这样的机会应当很好地学习。”整风结束以后，许世友精神焕发，重返前线，打出了一片新天地。

抗大毕业的学员夏琦，由新四军的团政治委员调来山东分局工作，也参加了整风学习。因其历史上与国民党有点瓜葛，整风中大家提了一些意见，他很恼火，气愤地去找李培南说理，身上还带着枪。李培南拉他坐下来，耐心交谈了两三个小时，指出尽管有些同志说话有点过激，但只要自己坚持实事求是，一定会取得大家的信任。夏琦想通了，愉快地接受了小组评议。

新中国成立以后，李培南随军南下，在地方党委工作了一段时间，又回到他所熟悉的理论教育战线，先后到华东局党校、上海交通大学担任领导工作。1958年起，任上海社会科学院党委书记兼院长。平时，年轻的学生们总爱请长征过来的老院长讲讲打仗的故事。李培南却笑着说：“告诉你们吧，打仗再多的人，加起来也没几天，大部分时间是跑路。不跑路就打不了胜仗。比如现在查资料、搞调查，就是跑路。跑是为了打，是往冲锋枪里装子弹，为此要把享乐丢进黄浦江。”他用跑路和打仗来比喻科学研究，强调只有脚踏实地搞调研，静下心来多读书，坐冷板凳查资料，才能在理论研究上有所作为。

学无止境

子曰："知之者不如好之者，好之者不如乐之者。"故"学而不厌，诲人不倦"乃为师之大德。

李培南平时经常用"学无止境"这句格言勉励学生，同时也鞭策自己。他以身作则，身体力行，作为老师做到了"诲人不倦"，作为个人，做到了"学而不厌"。

早在就读师范学校时，他就爱好语文和数学，开始研读《新青年》《共产党宣言》。入党以后组织上托其保存一批马列著作，使他获得了一个学习的极好机会。到延安抗大任政治教员，他自认水平低，抱着要教好、首先要学好的决心，从《政治经济学》入手，啃读《资本论》。新中国成立后，更是如饥似渴地系统学习马列经典著作和《毛泽东选集》。1992年6月进行党员评议时，年已87岁高龄的李培南，亲手用蝇头小楷写下长达16页的个人小结，详述自己晚年重读《毛泽东选集》和精读《邓小平文选》的心得体会。还为弄明白股份公司、股票、证券交易所等问题，又重读《资本论》关于商品和资本的论述。大家看到这份材料，无不被他这种"活到老学到老"的精神所感动。

李培南求知若渴，在学习外语方面也下了一番苦功夫。他能用英、俄语直接阅读马列原著，能借助词典阅读德文版书籍。这些学习成果，是早年在地下工作的危险环境里，在行军打仗的紧张过程中，在身兼领导与教学的繁忙情况下，靠着顽强毅力，一点一滴挤出来的。1931年，他在上海订了一份英文版《泰晤士报》，并负责转寄江西中央苏区。每天拿到报纸，首先阅读然后寄出，把一些字母和词汇逐渐累积起来。1933年调北京工作，恰巧住在一个英文报纸排字工人家里，借此机会又潜心研读了半年英文。后来弄到一本英文《政治经济学》，就基本上能够通读了。1951年他又自学俄语，达到了阅读原版的水平。而俄文书籍中常有不做翻译便摘引的德、法文名词，成了学习的拦路虎，他又于1959年自学德语。炎炎夏日，把草席铺在办公室地板上午休，身边放一只教德语的留声机。经过努力，竟可借助字典，阅读德文版的《资本论》。"文革"初期，他被作为上海的头号"反动理论权威"受批判。然而，真理在胸，绝不屈服，他用英、法、德、俄四种文字的《资本论》原版材料，揭发张春桥曲解《资本论》的罪行，结果被告到"四人帮"那里，招致一场又一场的轮番批斗。

两袖清风

"学高为师，身正为范。"希望学生成为什么样的人，教师自己首先要做个那样的人。

李培南一生恪守党的政治规矩，服从党的调动安排，从不计较职务高低和个人得失，真正做到了襟怀坦荡，光明磊落，能上能下，能官能民。他在担任上海社会科学院党委书记和院长时，按照组织序列，归口市委宣传部，当时很多部领导曾是学生或下级，但他谦虚谨慎，内敛低调，丝毫没有摆出老资格的味道，甘当陪衬和绿叶，热心扶持年轻一代的成才和进步。

在日常生活中，他始终保持艰苦奋斗的优良作风，衣、食、住、行简单随便，家庭用具老化陈旧，除了一排显眼的书橱和一台彩色电视之外，平日使用的五斗柜、写字台、小方桌，都是50年代初期的“老字号”。直到晚年，坚持不安空调，说：“这点儿热度都扛不住，还能干什么。”

李培南常说，“捧着一颗心来，不带半根草去”，克勤克俭、廉洁奉公了一辈子。但他留给我们的宝贵精神财富，却是受用不尽，永远值得学习。

开拓正逢解放时

——缅怀田海山同志

田海山，新中国成立后省委党校第一任党委书记、常务副校长。

他早年参加革命，是山东党内的一位老同志，阅历丰富，艰辛备尝至，勇于担当，出生入死，对争取中国革命的胜利，有奉献之功。

他在新中国成立之初入主党校，是我省干部教育培训工作的先行者，复校办学，培养干部，完善机构，健全制度，对和平时期党校事业的探索发展，有开拓之功。

他在整风“反右”中蒙受冤屈，是“左”倾错误的受害者，但顾全大局，担责律已，信念坚定，忠诚于党，对坚持实事求是的思想路线，有鉴戒之功。

今天，我们缅怀田海山同志，就要学习效仿他的革命精神，继承发扬他的优良作风。

一

田海山，原名唐书春，1909年1月生，山东德州人。少时入塾，后在济南东鲁中学、山东省立东昌第三师范就读。1932年9月加入中国共产党，与姚仲明一起主持山东反帝大同盟。1933年2月任山东省委组织部干事，同年7月被捕入狱，遭受酷刑，坚贞不屈，直到1937年7月，经党营救，方被获释。旋即奔赴延安，进入中央马列学院学习，结业后任中央组织部干事。1941年10月到达山东抗日根据地，任渤海区党委组织部部长。1943年3月，任莒南县委书记兼独立营政治委员，工作中成绩优异，次年6月升任滨中三地委书记兼军分区政治委员。抗日战争胜利后，相继担任滨南、渤海等地委书记兼军分区政治委员。新中国成立后，历任山东省委党校、中央第四中级党校党委书记、常务副校长。“文革”中遭受迫害。1977年复出后当选山东省政协第四届常务委员、副主席和第五届省政协副主席。

在50多年的革命生涯里，田海山历经艰险，不懈奋斗，铸就了临危不惧、坚定不移的崇高品质。其中最让他刻骨铭心的，一是蹲敌人监狱五年，二是险些被日军打死。其一，

1933年7月，山东省委遭敌破坏，时任组织部干事的田海山与省委书记张北华同时被捕。入狱后，敌人施以酷刑，严加审讯，皮鞭抽、火香烧、杠子压，把他们折磨得死去活来。但无论敌人多么残暴凶恶，他始终坚贞不屈，没有暴露真实身份，没有泄露半点机密。最后被判五年徒刑，关进第四监狱。狱中阴暗的环境、低劣的生活、非人的折磨，不但未能折损他的意志，反而让他更加坚强。通过多次举行绝食斗争，使难友们得以改善监狱伙食，延长放风时间，阅读书籍报刊。又通过地下党秘密联络，组织难友坚定立场，联合行动，拒绝签署“反省悔过书”。决心宁可把牢底坐穿，也决不从狗洞里爬出。从而保持了革命气节，戳穿了敌人阴谋，迎来了七七事变后国共第二次合作，在党的营救下赢得完全自由。其二，1941年11月，党中央向山东派遣干部，当时在中组部陈云同志身边任干事的田海山踊跃报名，踏上奔赴抗日前线的征途。在闯过平汉铁路封锁线时，正赶上日军太行大“扫荡”、进行“铁壁合围”的最后一天。我方人员被压进深山老峪，只得隐蔽行动。田海山沿着一条峭壁，攀岩石、扒树根、钻壑缝，好不容易爬到悬崖几十米处，突然被敌人发现，一阵枪响，击中大腿，随着剧烈疼痛，失手坠落下去。不知晕过去多久，苏醒后发现自己挂在一棵树杈上。“还好，还活着！”田海山暗自庆幸，挨到天黑，四下无人，他拖着伤腿，爬下悬崖，一步一喘，一路血迹，挣扎着前进，顽强地坚持，心中只有一个信念：就是死也要冲出去，一定回到自己的革命队伍。但是，由于伤重失血过多，整日滴水未进，身体极度衰弱，不足200米的山沟，一个整夜也没能爬出。幸好，次日拂晓，我军卫生人员路过，发现了浑身是血、奄奄一息的田海山，赶紧找来担架，把他送进医院，这才捡回了一条命。后来，田老经常深情地说：“是党和人民军队给了我第二次生命啊。”

二

1949年10月1日，新中国宣告成立。百事待举，各业俱兴。从革命战争中走来的省委党校，也迅速掀开了新的一页。田海山由渤海二地委书记，调任山东分局党校党委书记、常务副校长，开始了他在党的干部教育园地奋力开拓的新征程。

看起来，这里没有厮杀的战场，没有漫天的硝烟，没有生死的考验，然而，在和平建设时期，办一个什么样的党校？怎样办校？教一些什么样的学员？怎样去教？这些都是陌生而新鲜、艰巨而繁重的现实课题！田海山自知责任重大，一刻也不怠慢，放下行李卷，便投入了紧张的工作。

1949年10月底，田海山接到山东分局任命，即刻报到，走马上任，带领相关人员，投入学校筹建。组班子，调教员，找地址，置设备，很快在济南市的经八路纬一路落实了校址，挂出了新中国新党校鲜红的第一块大牌子！

1950年3月，相继建立了秘书科、组织科、教育科、行政科，调入教职工30多人。9月，校党委正式成立。党校机构配套成型，初具规模。紧接着带领全校投入了办学。紧密围绕当时全党中心任务，针对老区和新区的土改实际，连续举办了两期土改干部训练班，为全省培养领导骨干600多人。使大家提高了对土地改革的思想认识，明确了土改的政策、步骤和方法，增强了做好工作的决心和信心。

1951年春季，在山东分局领导关怀支持下，田海山经过四方求援，积极争取，把校址迁到济南市经七路纬八路，使校园面积增至105亩，彻底改变了狭小逼仄的办学窘境，明

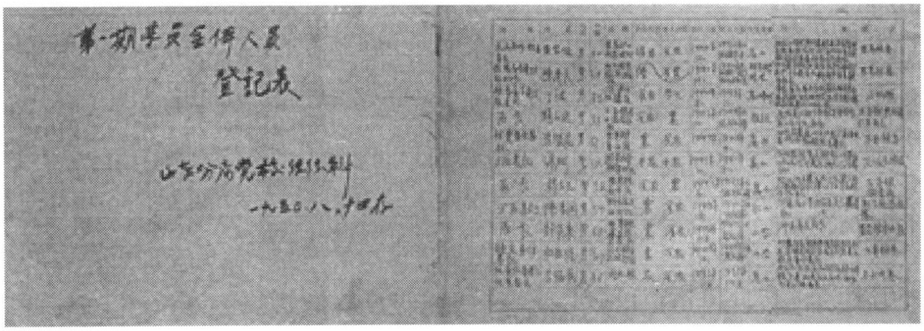

亮的教室，宽敞的校园，终于像个学校的样子了！接着，充实完善内设机构，原有各科升为处级建制，专门增设了教研室。建立专职教学队伍，配备专职管理人员，全校教职工增至46人，大大提高了党校办学能力和教育水平。当即，按照山东分局关于开展整风的部署，针对党内存在的突出问题，连续举办了三期整党干部训练班，为全省培训整党骨干2000多人。使大家克服了“半截子革命”思想，增强了保持和发扬“两个务必”的自觉性，有力地配合了整党运动的开展。这一阶段的工作，对于省委党校的日后发展，具有长久的战略意义。从此，党校在这里开始了长达60年的办学历史，培养了数十万计的各级各类领导干部，锻炼了一批又一批教学专家和管理人才，赢得了一项又一项崇高的荣誉和表彰，实现了几代党校人执着的信念和梦想，让经七纬八这座老校址，成为大家梦牵魂萦的精神园地。

1954年夏天，为适应教学、管理和事业发展的需要，对全校机构设置再次进行充实调整：把分设于办公室和教务处的人事科、组织科合并，单独成立组织处，统一管理组织人事工作；把教务处管辖的几个教研室独立出来，按照处级建制，设立经济、党史、文化教育3个教研部。教职工达到了137人，其中专职教员36人。这样一来，全校形成了机关党

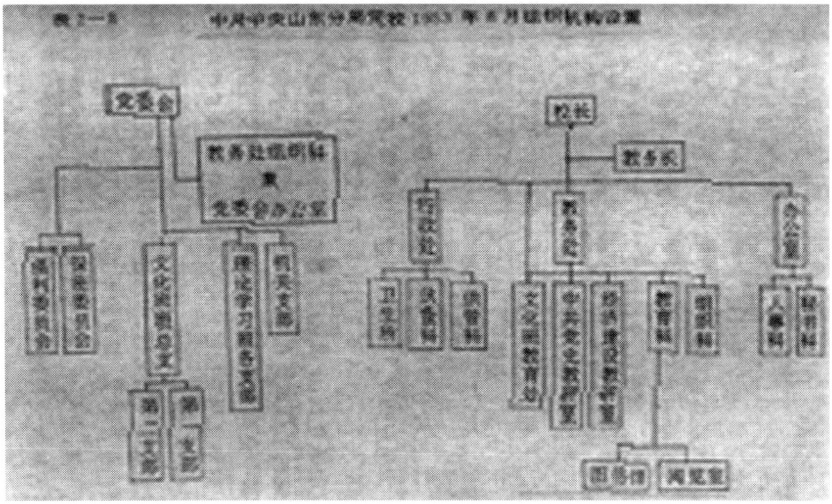

务、行政后勤、教学管理，三位一体、分工负责、有效运行的崭新格局。这年8月，山东省第一次党代会召开，成立了中共山东省委，田海山当选省委委员。山东分局党校也正式定名为山东省委党校。

1956年9月，党的八大胜利召开，大会正确定位当时中国社会的主要矛盾，确立了以经济建设为中心的政治路线。田海山满怀激情，全神贯注，带领全校师生认真学习八大文件，广泛宣传八大精神，坚决贯彻八大决议，兴起了一个新的办学高潮。首先，召开全体师生大会，请党的八大代表夏征农校长传达大会盛况和主要内容。然后，采取四项措施狠抓落实：一是调整原定课程，安排八大文献进课堂，集中时间，集中精力，把学习八大精神作为培训的首要任务。二是贯通全部课程，加大对经济问题的教学比重，用八大精神统领各门课程的讲授，引导学员，联系实际，深刻领会，提高认识。三是成立核心委员会，先学一步，学深一点，做出示范，并且拟定计划，分步实施，加强领导，及时督促。四是结合工作实际，以整风精神搞好学习，纠正错误思想，改进工作作风，提高工作效率。全校拿出一个学期的时间，直到年底告一段落。由于领导重视，组织得力，认识到位，措施具体，使八大精神的学习贯彻取得了显著的成效，对端正党校办学指导思想奠定了坚实的基础。

三

1957年以后，党的指导思想日渐“左”转，党的八大确立的政治路线未能贯彻到底，给各个方面的工作特别是思想理论战线，造成了严重的影响。党校置身其中，自然难以幸免。

是年底，省委党校按照全省整风会议要求，进行专题整改，自觉“引火燃身”，实行大鸣大放，共汇总220多条意见，涉及10多个方面的问题。党委成员根据群众意见，结合自身工作，进行自查和互查，认真开展批评和自我批评，切实改正存在的缺点和错误。1958年4月，转入整风补课，鸣放再掀高潮，矛头集中指向了田海山。从4月初开始，直到7月中旬结束，前后历时三个半月，有近百人次批判发言，贴大字报800多张，把其领导方法和工作作风中的问题，上纲上线，肆意扩大，升级定性为“地方主义、宗派主义”，“国民党作风”。田海山三次作出检讨，主动承担责任，虚心接受批评，最终未能过关。10月，党校向省委提交了处分报告，田海山被撤销党委第二书记、第一副校长职务，下放到平原县去干公社书记。

两年以后，随着国民经济调整方针的深入落实，中央和省委对整风补课中出现的偏差引起了重视，及时发出了对错处案件进行甄别平反的指示。1962年1月，党校反复讨论、认真复查田海山一案。认为他的问题，属于思想和工作作风中的缺点，对其作出“地方主义、宗派主义”的结论予以撤职处分是错误的，并向省委提交了甄别报告。不久，省委作出决议，给予田海山甄别平反。这两顶给他造成巨大政治压力的大帽子，终于摘掉了。省委党校痛定思痛，引以为戒，从中吸取深刻教训，在一个有关学员问题的复查报告中公开宣布：“凡是在党校学习过程中暴露的思想认识问题，除个别态度极端恶劣、顽固坚持错误的外，一律不抓辫子，不戴帽子，不打棍子，不给处分，并以此作为党校的规矩。”

这次甄别平反，尊重事实，有错必纠，尽管在时间上来说，略嫌晚了一些，但毕竟挽回了本不应该发生的损失和伤害，体现了实事求是的精神，坚持了组织原则，抵制了歪风邪气，保护了革命同志。对发扬党内民主，增强党的团结，弘扬优良作风，调动教职工和学员的积极性，产生了很好的推动作用。今日观之，仍不失为一件可资鉴戒的重要案例，值得我们永远汲取。前事不忘，后事之师。每一次回顾，都是一次警示；每一次反思，都是一次前瞻。

田海山作为一位久经磨砺、意志坚定、学养深厚、品德高尚的老革命，始终保持着乐观向上、积极进取的价值追求和心胸开阔、襟怀坦荡的精神状态，坚持活到老，学到老，奋斗到老，直到晚年，愈老弥笃，仍以弘扬中华传统文化为己任，孜孜不倦于砚田耕耘，精益求精于书法创作，博采众长，屡获大奖，可叹可敬，令人肃然，树立了一代共产党人的良好形象。

“暂停党籍”的党校教员

当一个人把自身的人生沉浮、荣辱进退，毫无保留地交付信仰的时候，那么，他在精神上就会成为一个完全自由的人。宋竹庭同志的经历，正是这个道理的最好解释。

1911年，宋竹庭出生于山东省乳山县北江村。1932年1月入党，历任牟海县委组织委员、胶东特委组织委员、共青团青岛工委代理书记，是胶东地区早期的共产党员之一。1935年因叛徒出卖在青岛被捕，在狱中保持了革命气节，保守了党的秘密，掩护和保全了地下党组织。后经党的营救，与胶东特委书记理琪一起获释。1939年9月，山东分局决定对其这一段历史进行审查，让他“暂时停止党籍，边工作边接受审查，去分局党校做教员”。

宋竹庭接受分局决定，暂停党组织生活，到山东分局党校担任教员。当时主持工作的副校长陈明是个参加过长征的老革命，校党总支书记是潘维周，毕业于延安抗大。陈明和潘维周同志都分别热情地接待了他，鼓励他安心工作，相信组织，以党外布尔什维克要求自己。同时安排了工作和生活，还具体布置了教学任务。他深感党组织和同志们并不因自己受审查而抛弃，说明了党对自己是爱护的、关心的，应当更加积极工作，经受组织考验。

他担任讲授“中国革命问题”，对教好这一门课很有信心，因为既有从延安带来的讲义为基础，同时曾在国民党监狱里重点学习过关于中国革命的性质、对象、任务和前途问题，觉得讲这门课完全可以胜任。宋竹庭联系实际自行编写讲义，上课时认真讲述，充分发挥，下课后跟进辅导耐心解释。他主动和学员接近，同他们打成一片，教学效果很好，自己十分欣慰。这个唯一不是党员的教员，在全校树立了良好形象。除了不能参加党员会议之外，大家并分不出什么彼此来，他没有感到因停止党籍受审查而遭歧视的感觉。每天工作忙忙碌碌，日子过得很快。

在艰苦的战争环境中，由于敌人频繁“扫荡”，党校一面坚持上课，一面经常随军转移。宋竹庭有一匹从胶东部队带到分局党校的大白马，可以驮行李书籍，也可以带病号和女同志。他同大家一样徒步行军，不搞特殊化，宁愿和大家同甘共苦。战友们的热情关心，极大地鼓舞了斗志，使他安下心来，积极地工作。陈明同志亲切地要求他做个党外布尔什维克，他内心也认为应该这样去做。但毕竟暂时失去了共产党员的光荣称号，一种无形的自卑和空虚，也会不经意间向自己袭来。然而工作起来，特别是和许多党员学生在一起，他们又是那么尊重自己，就又忘掉一切，把全部精力投入到教学工作中去。同时，在分局党校可以听到许多领导同志的重要报告，这对他也是莫大的鼓舞和教育。

据宋竹庭回忆，这个时期党校除陈明和潘维周外，管理人员还有教育科科长徐仲林，是个平易近人、埋头工作的好同志，后来这三个同志都在日军“扫荡”中英勇牺牲。还有组织科科长于杰，在“文化大革命”时期病故。总务科科长陈侠，是莱芜人，老地下党员，后来曾任杭州市委副书记、市人大常委会主任。当时共有三位教员，一个是教政治经济学的张格心，是陕北抗大的学生，虽然年轻，但教学能力较强。一个是郝诚，也是个青年学生，任政治常识教员。再就是宋竹庭。后来又来了穆林等人。每个学员队都有指导员，如狄生、王寅、张涛诸等都曾担任此职，他们工作积极，认真负责，发挥了模范作用。同志们互相关心，亲密无间，相处很好。

当时党校分为两个班，一班是培训县委书记和委员一级的领导干部，二班是培训区委一级的基层干部，多数是文化程度较低的农民子弟，对这些学员还要进行文化辅导学习。学员们学习的自觉性很高，尽管教员经验不足，但大家认真听讲，刻苦钻研，充分表现出为革命而学的党性觉悟。学员们来自全省各地，有不少是闯过敌人的封锁线而来，互相之间隐蔽真实姓名，秘密而来，秘密而去。

宋竹庭在党校工作一年多，圆满完成了第四期和第五期的教学授课任务，到第六期开学，组织审查工作结束，便由山东分局另行分配工作，离开了党校。陈明和潘维周两位校长亲自为他送行，给予高度评价，说："你在党校工作很出色，组织满意，学员满意。"这位具有丰富资历的老党员，蒙受委屈，不改初心，坚信党的英明正确，坚信组织公道正派，即使在接受审查，停止组织生活的情况下，依然积极工作，埋头苦干，不计名利，无私奉献，充分体现了一位真正在思想上完全入党的共产党员的高风亮节。无论是用信念、忠诚、党性，还是用胸襟、气量、境界等等词语来形容，都是名副其实，当之无愧！

带着“特殊任务”上党校

这个故事所叙述的情节，对于今天的年轻人来说也许是难以想象的。但是，在那个血与火的年代，在章若明那一代人身上，确是真实地发生了。作为党校学员，带着特殊的任务，冒着生命的危险，冲破敌人的封锁，义无反顾，勇往直前。因为，这是党的重托，是真理的呼唤，是信仰的凝聚，是使命的感召。杜甫诗云："骁腾有如此，万里可横行。"他赞美的是骏马。而一个具有坚定信念的人，一支具有崇高信仰的队伍，任何貌似强大的敌人，都难挡其前进的脚步！

章若明，山东威海人，1920年11月生，1938年12月入党。历任威海工委书记，威海县委书记，威海地委宣传部部长，《威海日报》社社长，青岛团市委书记，青岛市委副秘书长，崂山县委书记，山东省纺织工业厅厅长，杭州大学副校长。

1941年9月，章若明参加胶东区党委召开的县委书记联席会议，期间接到区党委组织部通知，调他去山东分局高级党校第二期学习。这期的学员还有：区党委宣传部部长宫维祯、招远县委书记张乾亨、乳山县委书记孔广弘、招远县委组织部部长冯桂江、黄县各救会会长王毅、胶东妇联负责干部曲韶华和张福芝，还有一名昌邑县委机关干部，共计九人。

出发之前，每人发给一个装满物品的沉甸甸的挎包，要求无论发生什么情况，“人在包在”。他们被告知包内是北海银行的钞票，每包一万元，还有金锭，是带给党中央和山东分局的经费，总数不下十万元，在当时极为珍贵和重要。把这笔经费安全送达，是去党校学习报到的一项光荣而艰险的任务。

由于当时是战争环境，各根据地都被日军分割，联系交通很不方便。加上第一次派干部赴延安送经费时，曾被国民党反共顽固派拦截和袭击，人员受到严重损失，他们感到压力很大，西行之路被视为畏途。因此，胶东军区派出主力团的一个连队护送这支学员队伍。

几天后，到达莱州湾的虎头崖，他们与护送部队分手，改乘木帆船，渡过莱州湾，到达昌邑，接转关系，顺利地找到县委。昌邑十分荒凉，一望无际的盐碱滩，几乎不长庄稼，只有耐碱低产的稷子，老百姓靠它度日，饥寒交迫，苦不堪言。

稍事休整，他们从昌邑经寿光，进入广饶境内，入住冀鲁边军分区的一个后方基地。所住的地窖窝棚，一半地上，一半地下，吃饭喝水都是坑洼内渗出的咸水。三四天后，折回辛集镇，到达离胶济铁路最近的一个堡垒村。趁着天已渐黑，用高粱秸捆子垫路，马匹费劲地爬上路基，部队顺利跨越铁轨。连夜马不停蹄，又赶路三四十里，到天明时，安然脱离了险境，所有人大大地喘了一口粗气！

11月初，经过两个多月的艰苦行军，终于到达山东分局所在地——沂水县，向组织交上随身携带的现钞和金锭。山东分局书记朱瑞同志十分高兴，亲自招待他们吃了一顿晚餐。同行的每个同志，都因胜利完成护送资金的任务，而感到无比的喜悦和自豪！

当晚他们就被送往分局党校。此时正值日伪军“扫荡”，党校人员在一古墓群中组队，静待命令统一行动，准备进行反“扫荡”突围。命令一下，隐蔽行动，迅速转移。天亮之后，未听到一声枪响，静悄悄地突出了日伪军的防线。突破敌围，喜不自胜，学员们连同随队采访的两位德国记者一起溜达散步。

这时，党校学员总队长是鲁南军区司令员张光中，副总队长是一一五师政治部副主任陈美藻。党校在临沂天宝山区一带活动，由一一五师一个主力团予以配合。在此期间，一边反“扫荡”，一边搞教学，主要抓了三项工作，搞了三次大的活动。

第一次，是党建教育和补行入党宣誓仪式。限于当时环境，有不少同志没能举行入党仪式，未做正式宣誓，入党手续不够完备。党校决定，请有关部门布置一个严肃的会场，安排专人领呼誓词，直至“保守秘密，永不叛党”。这个仪式十分庄重，对于每一个在场的党员，都是一次极为严肃的党性教育，令人终生难忘。章若明的入党日期为1938年12月，预备期三个月，应该是1939年3月正式入党，但实际上他很快就担任了威海特区的青年委员，继而担任特区书记，预备期未满，工作就已有些时日了。

第二次，是批判一个营级干部强行妇女结婚的错误。在党小组会和支部大会批评后，一一五师政治部主任肖华作了大会批评，他说：男大当婚，女大当嫁，是我们民族的传统习俗。但现在是战争环境，所以部队规定了“258团”的条件，就是25岁、8年军龄、团级干部，这才够条件讨老婆。目前不够条件的，只好再作等待。大家还能说什么呢？为了抗战胜利，为了革命成功，必须服从组织规定，遵守党的纪律。而做地方工作的同志相对宽松，并不受此约束。

第三次，是聆听刘少奇同志来山东视察工作时的报告。1942年3月，刘少奇同志奉中央指示，赴延安筹备党的七大，专程取道滨海指导山东工作。他参加了山东分局扩大会议，对朱瑞书记的总结报告提出批评意见，党校全体学员参加旁听。上午听讲，不准记录。下午，几个年轻同志靠记忆相互对照补充记录，得到了比较完整的报告内容。这是一次极为宝贵的经历，让大家见识了刘少奇同志的水平和伟大，佩服得五体投地！山东分局扩大会议结束后，为尽快贯彻会议精神，这期党校学员提前结业，迅速奔赴各地，返回工作岗位，投入了新的战斗。

武中奇党校历险记

武中奇，是一位老资格的职业革命家，也是一位享誉书坛的著名书法家。曾任江苏省人大常委会委员，中国书协江苏分会主席。1949年上海解放时，他受陈毅市长之托，书写了“上海市人民政府”七个大字，昭示了大上海的新生。

1907年，武中奇出生在长清县崮山镇后大彦村一个农民家庭。1936年入党参加革命，1937年策动和组织了有名的徂徕山抗日武装起义。历任八路军班、排、连、营、团的首长，并曾兼任历城县县长。1940年，由山东省委书记黎玉签发命令，他被任命为八路军山东纵队机关支队司令员。

在任期间，武中奇参加了山东分局党校第二期学员培训班。该班共60余人，全部是部队团级、地方县委书记以上的领导干部。当时的校址并不固定，根据战争的形势随时流动。由于群众基础好，敌人的动态能及时得知，所以党校一直比较安全。1941年12月7日，武中奇晚上站岗，发现很多老百姓搬家向山里跑。他向书记汇报，回答说党校情报一向准确，不会有问题。次日上午，党校学员照常出操，突然发现已经陷入日军及伪军的包围，情况万分危急。

兼任分局党校副校长的一一五师政治部主任肖华把党校转移的指挥权交给了武中奇，命他带学员向东再向南转移。负责保护党校的是山东纵队一旅二团的两个连外加一个排组成的警卫营。营长张玉华是整编前一个团政委。他用两个连阻击敌人，其余随学员转移。刚走出不远，一大队日军就压过来，几乎擦肩而过，惊险极了。负责警卫的两个连与日军遭遇，发生激战。武中奇带队走得很快，有的女学员快累瘫了，说什么也不能走了。武中奇一手拉着一个女学员，继续急行军。女学员说实在走不动了，别管我了，你们先走吧。武中奇说：丢下你就会被日军抓去，说什么也得走。女学员只好跟着走。日军赶到十字路口，武中奇的队伍刚好插过去，终于跳出敌人的包围圈，爬上村南的山头，转到了日军的身后。

警卫部队与敌人的战斗十分惨烈，两个连250多名官兵全部壮烈牺牲。子弹打完了，最后拼刺刀，剩下的几个战士拉响了手榴弹与日军同归于尽。日军也付出600多人的代价，但他们连党校的影子也没有见到。

党校突围之后，迅速向滨海区转移。这时，沭河又挡住了前进的道路。这条河宽约1公里，河水齐腰深。在严寒的冬天，武中奇带领这么多男女学员，要蹚过冰河，将是何等的困难！其中3个女学员平日身体很差，武中奇便让两人伏在他背上，另一个趴在两个女学员的身上，形成4个人的连环架势，硬是把她们背到1公里的对岸。在冰冷的河水里，武中奇两腿打战，奋力挣扎。女学员感动得落下眼泪。上岸以后，他马上整顿队伍，继续行军，自己拼命地在队列外面来回跑动，直到浑身透汗。他说："不跑出汗来，这双腿肯定完了。要不就留下风寒症，无法打鬼子了。"

渡过沭河，分局党校到达赣榆县。一天，肖华同志把武中奇叫去，十分严肃地说：有一个重要任务交给你。抗战以来，山东有无数英雄好汉血洒疆场，为国捐躯，他们有的连名字也没留下来。有的是级别很高的领导干部。我们要为他们立碑纪念，让子孙后代永远铭记。日军欠下的血债一定要偿还！你马上带人去马鞍山，建革命烈士纪念碑。你的字有风格，有武官气派，派你去最合适。武中奇响亮地回答："坚决完成任务。"

烈士纪念塔设计高度15米，碑上的题字每个长宽达60厘米。到哪里去找这么大的毛笔呢？武中奇想办法把成捆的青麻用梳子梳开，绑在擀面杖粗的木棍上，做成了特大毛笔。又买了土粉，掺上红色，合成了墨汁。先写在纸上，再用毛笔双钩下来。一面采集石头，一面刻字。武中奇与一位老石匠合作，他先在一米见方的碑面上写一字，石匠就马上刻一字，两人在火烫的石碑前奋战几十个日日夜夜，终于把纪念塔建成了，为抗日英雄留下了永远的丰碑！

王新兰的党校情缘

王新兰是开国上将肖华同志的夫人。1924年5月生于四川省宣汉县，9岁加入工农红军，11岁参加万里长征，在红四军宣传队当队员，期间三过雪山草地，是走完两万五千里长征全程的年龄最小的红军战士。她和肖华在战斗过程中相识相爱，并由罗荣桓元帅亲自做媒，于1939年11月结为夫妻。婚后她随肖华来到山东抗日根据地，任一一五师电台台长。

1941年秋天，党组织派王新兰进入山东分局高级党校学习。在这里，她如鱼得水，如饥似渴地学习革命理论。当时，党校开设七八门课程，有些她以前从未接触过，因而学习的难度很大。但王新兰是个犟脾气，不服输，她克服困难，上课认真听讲，瞪大一双眼睛做笔记，几乎有闻必录，生怕把老师讲的每一个字落下。下课就反复背反复记，直到把学来的内容刻在脑子里。功夫不负有心人。一学期下来，各门功课都获得优良。

时任一一五师政治部主任的肖华，闲暇总会抽空来看看王新兰，带给她一些前线的战斗消息。他总是来去匆匆，有时见了面，掏出一把花生或酸枣往新兰兜里一塞，就招招手走了。革命夫妻情谊真。二人短暂的会面，给双方带来莫大的快乐和安慰。正如古人云“金风玉露一相逢，便胜却人间无数”。当然，较长时间的见面，也有，但太稀罕太偶然了。有一次，肖华陪同罗荣桓到党校检查工作，中午吃饭的时候，一向细致入微的罗政委派人把王新兰找来。她不明就里，进门就给罗荣桓敬礼，然后说：“罗政委，有什么任务请指示。”

罗荣桓指了指桌子上的饭菜，笑着对她说：“找你来和我们一起吃饭！”

王新兰看看一旁坐着的肖华，有点不好意思，说：“首长是来检查工作，我还是回学员队去吃吧。”

平时不开玩笑的罗荣桓笑着说：“新兰，到今天，我这个大媒还没有吃过你们的喜酒呢。今天到了党校，算是到了你的娘家，今天这餐饭，算是娘家请客，你哪有不到之理。”

一句话，把大家都逗笑了。

那天，罗荣桓的心情特别好。饭后休息的时候，屋里只剩他们三人，罗荣桓旧事重提，指着肖华问王新兰：“怎么样，在云阳镇我给你介绍的这个人还不错吧？”

没有外人，王新兰回答干脆利索：“还可以。”

“还……可以？不行，不行，标准太低。”罗荣桓笑着说。

肖华一直在笑，不说话。

王新兰只好说：“不错。”

罗荣桓对王新兰说：“云阳镇你见到肖华，他已经是个大官儿了。这个肖华，刚当兵那阵，连裤子都穿不好，草鞋也不会扎，马也不敢骑，下雨了连裤腿也不知道往上挽一挽。我看见了，让他挽，他只管一条腿，另一条还在泥地上拖着。”

罗荣桓说完，微笑着用慈祥的目光看着这对年轻的夫妇。

肖华和王新兰也深情地看着面前这位富有长者风范的老首长。多少年来，罗荣桓在他们身上，倾注了太多的心血，让他们终生难忘。

转眼进入深秋，在写毕业总结时，王新兰由于连日熬夜，突然得了重病，两条腿又红又肿，像在盐水里浸渍过，看上去十分怕人。学员们用木板把她抬到肖华的住处。见到肖华，一向坚强的王新兰眼睛一下子盈满了泪水。

几天后，王新兰又染上了痢疾，每天大便十几次。别人照顾不方便，肖华一次又一次地背着新兰上厕所。有时来不及如厕，弄脏了衣服，肖华就找来一些碎布，给她垫上，又打了热水，给她洗身子。在肖华的精心照料下，王新兰很快康复，又回到党校继续学习，直到圆满毕业归队。

党校卫士王吉文

有一位革命先烈，他的英雄壮举，与省委党校的成长壮大不可分割；他的不朽功勋，在省委党校的壮丽史册上占有重要一页；他的光辉名字，让所有党校人的集体记忆永难磨灭。

他，就是革命战争时期人民军队的青年将领——王吉文。

1941年，王吉文25岁，任八路军山东纵队第三团团长。这年冬季，日军对沂蒙山区实行“铁壁合围”，进行空前规模的“扫荡”，妄图摧毁鲁中根据地，消灭我领导机关和主力部队。一一五师师部机关由政治部主任肖华率领，带着山东分局党校师生约400人，自12月初从沂蒙山区向鲁南方向转移，并决定由王吉文的第三团专门负责掩护分局党校。敌人察觉我军转移的动向，迅速集结6000多人，夜间隐蔽开进，占领附近高地，于12日8时拂晓，对三团和党校驻地形成合围。情况万分危急，王吉文立即组织突围，战斗迅速打响。他命令团参谋主任，带党校师生向敌方力量薄弱的正北方向移动，并埋藏笨重武器，集中兵力保护党校。然后亲自带领一个连登上苏家崮与敌激战，用刺刀、手榴弹将日军杀退。敌人又以成倍力量组织反扑，双方在阵地上反复拼杀。有些战士受伤后无力行动，就地抵抗直至弹尽。后续人员不顾被敌人层层截断，边打边突，不断有人倒在敌人的刺刀之下。战至下午3时，我军只剩下30多人，有的同敌人肉搏同归于尽，有的抱住敌人滚下山崖，全部壮烈牺牲。王吉文率部正面迎敌，为党校向北突围赢得宝贵时间，全体师生从阵地的一个空隙进入大山沟，冲出了包围圈。全部人员无一掉队，没受任何损失。苏家崮之战，我军英勇杀敌，浴血奋战，用自己的鲜血和生命，保全了党校，保护了师生，在省委党校的发展史上谱写了一曲慷慨悲歌。

1948年，王吉文32岁，任华东野战军第三纵队第八师师长。此时的他，已经成长为我军一名高级指挥员。这年9月，华东野战军遵照党中央、毛主席的战略决策，发起和组织济南战役，经过16日至24日八个昼夜的激烈战斗，全歼国民党守军10万多人，生俘王耀武等高级将领30多名，解放了山东省会济南，使华北、华东两大解放区完全连成一片，沉重打击了国民党坚守大城市的信心，锻炼和提高了我军攻坚作战的能力，揭开了人民解放战争战略决战的序幕。在济南战役中，王吉文的第八师奉命担任西线主攻。他率领全师指战员一举扫掉凤凰山、簸箕山等外围据点，迅速攻入济南西部商埠纬八路一带。这时敌人的一座碉堡火力密集，部队受阻，很难推进。王吉文闻讯顾不上吃饭，亲自深入离火线不到一百米的巷口，与团、营干部察看敌情，部署火力，指挥部队摧毁了敌人的碉堡。这时，敌方的一颗炮弹突然打来，王吉文倒在血泊之中，献出了自己宝贵的生命。而他牺牲的地点，正是今天省委党校西校区附近。是巧合？是缘分？还是心灵的约定？抚今追昔，缅怀英魂，让每个活着的人都会感叹不已！

王吉文1916年出生于湖北省黄安县（今红安县）王西禄村一个贫苦农民家庭。1929年加入共青团，1930年5月参加工农红军。他身材魁梧，臂力过人，在反“围剿”战斗中，作战勇敢，屡受表扬。1932年2月，成为中共党员。1935年9月，随红四方面军长征，历尽千辛万苦，终于到达陕北。1937年七七事变后奔赴抗日前线，历任班长、连指导员、营长等职，逐渐锻炼成长为一个年轻的优秀干部。1939年春，随一一五师主力部队来到山东滨海地区。在一次抗击日军的战斗中，王吉文操纵仅有的一挺机关枪，依托有利地势，向日军猛烈射击，使之队形大乱，我军乘势反击，打退了日军的进攻。1940年6月，他任山东纵队特务二团团长，次年改任第一旅第三团团长。在此期间，指挥了苏家崮之战，成功掩护党校师生安全脱险。此后，他率领部队转战沂蒙，屡立战功。1946年6月，任山东野战军第八师副师长，次年任华东野战军第三纵队第八师师长，参与指挥了多次重大战役，受到陈粟首长的赞扬和嘉奖。1948年3月，率部参加解放洛阳，首次攻打大城市，顺利完成战斗任务，为洛阳的新生立下殊勋。

王吉文作战勇敢，身先士卒，足智多谋，指挥有方，是一位智勇双全的优秀指挥员，同时，他信念坚定，党性很强，严以律己，以身作则，又是一位德才兼备的模范领导者。他在日记中写道："党培养我18年直到今天，我还年轻，还要进步，要为党为人民流尽最后一滴血，报答党对我的关怀和培养。"在王吉文的言行中，处处闪耀着党的优良传统的光芒。他勤于学习，善于总结，总是深入连队，与基层干部研究解决现实问题，有时还亲自给大家做出示范。打起仗来，总是靠前指挥，奋战一线，给干部战士以极大鼓舞。他关心战士、联系群众，与同志们亲密无间，生死相依，每仗下来，总要到各个连队亲自查看，有时还亲自给战士缝衣服、打补丁，受到广大指战员的衷心爱戴。他廉洁奉公，生活简朴，当了师、团首长后仍然保持这种优良作风。一床旧棉被，用了十多年，补丁压补丁，枕头则用一块黄布包几件旧衣服来替代。马褡子里装的，全是军用地图、日记本和书籍。这些就是他的全部家当。

王吉文烈士的人生足迹，是在党的教育培养下，一步一个脚印走出来的；他的成长进步，是在革命战争的考验中，一仗一仗打出来的；他的崇高品质，是在长期党性修养过程中，一点一滴练出来的。他留给了我们无尽的思念，也留给了我们宝贵的财富，他永远活在我们党校人的心里。今天我们缅怀他，有鲜花也有眼泪，有喜悦也有悲伤，有展望也有惆怅，但更多的是奋斗是开拓是奉献，是人民的幸福是民族的复兴是祖国的富强。

初心的先行者

——朱瑞同志痛悼爱人

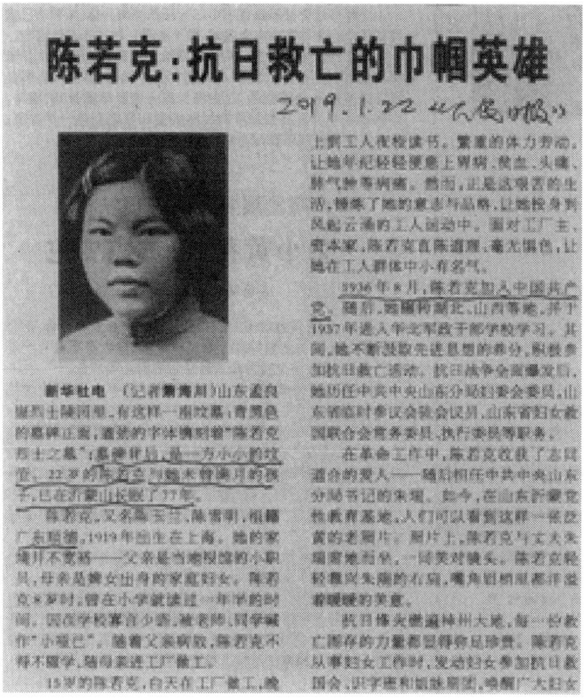

陈若克：抗日救亡的巾帼英雄

2019.1.22 《大众日报》

新华社电（记者[illegible]）山东孟良崮烈士陵园里，有这样一座坟墓：青灰色的墓碑正面，遒劲的字体镌刻着“陈若克烈士之墓”；墓碑背后，是一方小小的坟茔。22岁的陈若克与她未曾满月的孩子，已在沂蒙山长眠了77年。

陈若克，又名陈玉莲、陈雪明，祖籍广东顺德，1919年出生在上海。她的家境并不富裕——父亲是当地报馆的小职员，母亲是婢女出身的家庭妇女。陈若克8岁时，曾在小学就读过一年半的时间。因在学校寡言少语，被老师、同学喊作“小哑巴”。随着父亲病故，陈若克不得不辍学，随母亲进工厂做工。

15岁的陈若克，白天在工厂做工，晚上到工人夜校读书。繁重的体力劳动，让她年纪轻轻便患上胃病、贫血、头痛、脚气肿等病痛。然而，正是这艰苦的生活，锤炼了她的意志与品格，让她投身到风起云涌的工人运动中。面对工厂主、资本家，陈若克直陈道理，毫无惧色，让她在工人群体中小有名气。

1936年8月，陈若克加入中国共产党。随后，她辗转湖北、山西等地，并于1937年进入华北军政干部学校学习。其间，她不断汲取先进思想的养分，积极参加抗日救亡活动。抗日战争全面爆发后，她历任中共中央山东分局妇委会委员、山东省临时参议会驻会议员、山东省妇女救国联合会常务委员、执行委员等职务。

在革命工作中，陈若克收获了志同道合的爱人——时任中共中央山东分局书记的朱瑞。如今，在山东沂蒙党性教育基地，人们可以看到这样一张泛黄的老照片。照片上，陈若克与丈夫朱瑞[illegible]，一同笑对镜头。陈若克轻轻靠在朱瑞的右肩，嘴角眉梢间都洋溢着暖暖的笑意。

抗日烽火燃遍神州大地，每一份救亡图存的力量都显得弥足珍贵。陈若克从事妇女工作时，发动妇女参加抗日救国会、识字班和姐妹剧团，唤醒广大妇女

在孟良崮烈士陵园，安葬着近2000名革命先烈的英灵。入园头一排陵墓的首位，是陈若克烈士。她生前担任山东分局妇委委员，是分局党校第一期学员。她22岁的宝贵年华，短暂而精彩，悲壮而辉煌，生动阐释了一位真正共产党人的初心和使命。这篇悼文，是她的爱人、时任山东分局书记朱瑞同志于1942年7月亲笔写就，载《山东解放区文学作品选》（1983年2月出版）。题目系编者所加。

悼陈若克

朱瑞

一

不少比若克还要重要的同志都遭受到了牺牲，对于她的死，为着党，为着革命，为着妇女解放，我无特别悲痛和偏爱的权利。

不过其他同志的牺牲，已有人为之记述和表扬了，而况我们又是夫妻和战友，只有我算是比别人了解她更多，加上，又牺牲得那样壮烈，所以我不得不写，且也不应不写。

二

是十一月七号那天，我地方军夜里自大崮撤退，若克带着即将临产的身子，好歹的挣扎了下来，因为她伴随着几个同志同大队失去了联络，就在那天深夜或是第二天的拂晓，她便落到敌人手里。

据说，因为她“十分无礼”，一开始便遭了敌人的毒打，且从被捕之日起，她便立意绝食，一直到她的牺牲。

被捕后的两天，或三天，孩子生下来了，曾为她收生的村里大娘说，她已遍体鳞伤，但她还是那样镇静，倔强，冰铁一般，默默无言！

起初，她要求速死，但敌人却把她强制带到城里，这就是沂水。在这里，我们的若克同志粉身碎骨地把自己的生命贡献给党，贡献给中华民族，贡献给无产阶级与妇女的解放事业了！

在被抬进宪兵司令部的时候，她特有的气噎与横膈膜震荡的胃病，从熟悉的声音里，惊动了一个先已被俘的同志——女看护杨以淑，这是曾经在先一年看护过若克同志的，她从押禁的屋里奔了出来，伏在若克的头前悲痛地哭起来了……

“哭什么？我们既是中国人，中国人就有中国人的苦痛！哭有什么用处？”若克很从容坚定地，像平日批评同志一样激励了杨同志。

“……”杨看护悲痛地缩回去了。

据最近脱险回来的杨以淑同志说，在这里敌人曾一再拷问过若克：

“你是哪里人？”

“你说哪里，就是哪里？！”

“你的丈夫是谁？”

“我的丈夫是抗战的！”

“你呢？”

“我也是抗战的！”

若克同志的态度始终是铁一般的倔强。敌人十分受窘了。

接着若克同志继续说：

“问什么！快点枪毙好了！”

“枪毙？”敌人讪笑地说，“还得赔一颗子弹呢！”

“那就刀杀！”

“刀杀还得用力量呢！”

“随你的便！……”此后若克同志便默不作声了。

硬的办法暂时失效，敌人想用软的办法，妈妈没有奶，敌人曾拿过牛奶给孩子吃，妈妈将牛奶摔在地下，孩子也绝食了。这样一天两天的过去，杨看护很替她难过，但她说“这个时候只有坚强”！看护者也逼她进食，她说：“要杀就杀，要砍就砍！”

过两天，敌人借口替她“治病”，把她抬走了。

又过几天，据说是十一月二十六号，汉奸传说，日来枪毙了三个女的，有一个还带着小孩：“太凶啦，脾气太坏啦！审了几天，就闹了几天，一点也没有结果……还喊口号，唱歌呢！”听到这些话的一切同难者，都低了头！

若克同志在临刑前，还是紧紧地抱着自己的孩子。善良的中国人怜恤她，想讨下孩子来抚养，她抵死的不放……这是对的吗？对的！因为整个民族都在苦难中，孩子的性命算不得什么……拼上这一块血肉；为让敌人知道吧，中华民族是不可战胜的！

据说若克确实是被刺刀扎死的，孩子是同妈妈一起参加了这一壮绝的斗争——这就是敌人的“勇敢”和“胜利”。

连一个被俘待毙的女囚都制服不了的敌人，却天天想制服中国呢！

三

若克同志是广东顺德人，生于上海，父亲是一个报关行的小职员，母亲是一个出身婢女的家妇。从八岁起，她上过一年半小学，这就是她仅有的读书年代。以后，父亲病故，家庭因负债过多而破产，她和母亲，一同被抛到工厂里去做工，而且一开始便是夜工，弟弟卖报，这时她才十一岁。在工厂里，她一直工作了七个年头，先后进过橡胶厂、纱厂、毛巾厂、机器打袜厂——开始的四五年工作里，她因年幼，必须在脚下垫上几块砖石，才能够上机器。七年的工厂劳动，断丧了她的健康，她面色苍白、胃病、脚气、贫血、横膈膜震荡，体温过低；不仅如此，还有失眠，神经衰弱，长期头痛，肺尖发肿，与有时的咯血。但工厂的生活，也锻炼了这一个青年，她有着清晰的阶级意识，钢铁的革命意志，大方而坦率的风度，热情而执拗的性格，对政治、理论、哲学、文化等的接受力与理解力很强，进步之快，在她这样的青年中，实不多见。

在做工的年头，从十六岁起，她便参加了工人运动，对她最有帮助的，是工人夜校及“国难教育社”。经过了许多锻炼，一九三六年的八月二十三日（这一个日子，她记得最牢，所以我也一直没忘掉）在一个小屋子里，在红旗下，经过宣誓，她被接收入党，这时她才十七岁。从此便一面做工一面参加地下党的工厂支部工作，以后并负着支部的责任，支部男女党员共八人。一九三七年上海战起，她以熟练工人的资格，随厂迁汉，因接头关系有误，此后这一支部便失去上级的联系。她为要“上延安”，第一次到了山西，临汾战起，延安未去成，回到武汉后，复因所谓“共党嫌疑”及“违反厂命参加抗战活动”而被开除。失业后，准备再上延安，故又第二次过山西。在这里，她暂时逗留在“华干”（即是我以统战工作名义办的“华北军政干部学校”）。在这里，我们第一次相遇，她觉得这学校蛮好，便一直学到毕业

（两个月）。这时她失去党的联络已经三个月了，但因无人证明，只得重新入党。同时负责支部的青委及民先工作。半年后，我们结了婚。

失去党的联络，未能恢复工厂时期的党龄，这是她最痛心最深记的事。为着这，她三年来曾多方寻找旧时的领导者来证明，但均未找到。一直到死，她自己更好的证明了自己。

我们婚姻的提起，是在“七一”那天，“七七”订婚，“八一”结婚，我们郑重的选定了这几个日子，这是因为我们深知，我们的生活、工作、学习、奋斗、一切、一切……一直到最后一口气，都应当永远同党、同革命、同无产阶级的国际事业，联结在一起的。

她牺牲了，她首先完成了这一任务，而且是这样的英雄、壮烈，使人难忘。

四

她学习很积极，在小学时，只读书，不说话，先生和同学都叫她“小哑巴”。她虽只读了一年书，但由于她不断的辛勤的自学，所以后来已有初中学生的文化水平，她在上海不断写工人通讯，在汉口还写过歌词。政治水平更高，还粗通一些哲学原理，她是分局第一期党校一批学习最好的学生之一。她不管学什么和看什么书，以至参加各种会议，她总很专心，绝少懈怠，而且问题很多，意见很多，她的问题和意见，照常人听来，颇有些呆气，但仔细推敲，常有至理，因为这些问题和意见，不是由于空想，而是由于她从多年工厂劳动和斗争的实践中得来的。

她的斗争性很强，在工厂里积极地参加工人斗争，以后更积极参加抗战活动，做工的后几年，还得时常机警的打破工厂恶劣环境对她的一切迫害；连母亲也曾经想在她身上“发过财”！所有这一切，都在她那坚定、灵活，与贯彻始终的斗争精神之下被粉碎了。她曾说过：“我的思想，我的身手，连每根头发，都应该是属于无产阶级的。”她斗争的泼辣，有时简直是凶恶，使得厂方及一切不良分子都害怕。所以在工厂里流行一句话：“小广东，凶来兮咧！”即在我们共同生活的年头，她有时甚至半夜里叫起来，喊口号，有时也哭，并讲的是一口难懂的上海话，醒来时，你不要问，便知道她的灵魂又回到迢迢的上海和工人的斗争里去了。她因身体病弱，有时苦闷，但在我安慰她时，她曾引起“新女性”里的两句话对我说：“除死无大难，做工不再穷！”她知道她病弱的身体，难以适应敌后的环境，对于死，她是随时准备着的。为着这，早两年便向我要了一支手枪，一直到我们最后分别的晚上，我告诉她：“手枪还是带着吧！”她说：“我懂得！”但在临到被捕前，手枪被别的同志带走了，革命偏要给她一个更高更艰苦的考验——三年敌后斗争里，对于这一类艰险的事，她都是从容不迫的。有一个同志告我，在大崮撤退前最艰难危险的一天战斗中，在数百炮弹与飞机轰炸下，有些同志深感不安，她自己已经很难动作了，但还殷勤地向同志解释，安慰，鼓励，她镇静得一如平日。

她的党性很强，对一切应该参加的党的会议，很少缺席，有的同志看她很忙，便说：“你请个假吧！”她答应好！但一转身，又说：“不行！”便丢下工作跑去了！有时病了多日，便念叨小组为什么不通知她开会。她爱看党的文件和党报，在看报时，她同有些青年不一样。她把报拿到手，总先看社论，有时间时，再看各种消息。她的党费总是早交，领三块钱津贴，个别时候她要交一块，平常时候，也是交的多些。她对党吩咐的工作，历来十分认真，一丝不苟。对同志忠诚坦白热心负责，能够帮助，必定帮助，有意见就说，有时对同志批评可能过急，但决不藏奸，不虚与委蛇。

她工作很积极，不但工作能力强，而且胆大，有创造性。她曾担任过山纵直属工作科长。这个工作她本来一无所知，却能敢作敢为，忠实负责，终于创造了成绩。一九四〇年山东联合大会开幕，她刚在产后，恰被决定做总结和报告妇女工作，对于这，她并没有什么经验，但由于她的决心，负责，夜以继日地工作，虚心向同志们学习，终于把这一工作完成了。后来在分局组织部工作得也很好，一直到被捕牺牲为止。

她是山东分局妇委会委员，山东省妇女救国联合会的常委，一九四〇年秋山东联合大会开幕时，被选为临时参议会的驻会议员。

她不是没有缺点的人，没有缺点的人根本就没有。第一，她的个性严峻，不善待人接物。第二，对事对人过于坦率，对同志与对工作，有时要求过高，过苛，方式过硬。第三，因身体羸弱多病，有时未尽适应一般生活环境，故未为有些同志所谅解。而且我似乎觉得，由于她同我结婚的缘故，目标不小，有些同志对她的要求也不算不高，这也曾经苦恼了她。当然这不一定要由她负责的。

但她在各方面却一直不断地进步着。

五

若克同志牺牲了。

她死的太早，因她才二十二岁。

她的死，是革命的损失，党的损失，妇女的损失，也是我的损失！因为我们是衷心互爱的夫妻和战友啊！

但她的死，又是党的光荣，妇女的光荣，也是我的光荣！因为她和我们前后的两个孩子，都是为了革命而牺牲了的（前一个孩子在先二年的“扫荡”中，因病重失治而死）。

若克同志牺牲了！但她那“贫贱不移”“威武不屈”的节操与气魄，却永活在我们心头！

六

她牺牲后，有一个时候，敌人似乎因为觉得受辱太甚的缘故吧，因而企图进一步加以报复，曾用飞机散发一种传单，伪托“陈若克”的名义，说什么对革命厌倦，情甘悔悟……这是何等卑鄙龌龊智穷计竭的伎俩啊！

以牙还牙，以眼还眼，以血还血，以肉还肉，让我们心里永远联结着亲爱与仇恨，一直斗争到最后的胜利吧，我们的一切流血牺牲，都将在最后胜利中取偿！

让中华民族的一切好儿女，永远不要忘记被压迫民族长年累月苦难的深仇大恨，坚持的奋斗下去吧，我们前人的鲜血已经为我们洒尽了壮绝千古的八个鲜红大字——“中华民族解放万岁！”

我们将很聪明地找到纪念若克同志及一切死难者的办法！

在被俘后或在大“扫荡”中英勇牺牲的还有赵于宏同志、甄磊同志、辛锐同志……及一切为坚持山东抗战牺牲的妇女干部、妇女同胞均同此千古！

一九四二年七月七日

亲历学与教

——穆林党校散记

穆林，原名于清远，1918年10月出生于吉林省抚松县，祖籍山东莒南。1934年秋随家人流亡关内，次年就读于烟台芝罘中学。1936年2月参加革命，1937年2月加入中国共产党，同年由中共胶东特委派往延安，先后在陕北公学、抗日军政大学、中央党校、马列学院学习。1939年5月奔赴山东抗日前线，历任中共山东分局党校教员、山东分局第一区委党校主任、鲁南区委党校主任。1946年起任鲁南区党委民运部副部长、部长。新中国成立后，历任山东分局农委副书记，山东省委常委兼农村工作部部长，省委常委兼临沂地委、济宁地委第一书记，省委书记处书记、副省长。1966年“文革”中被打倒，1967年3月恢复工作，任山东省革命委员会常委、副主任。1977年10月调任吉林省委常委、常务副省长，享受正省级待遇。1983年离休，被聘为山东省人民政府顾问、全国农业顾问、山东省党史学会副会长，是党的八大、九大代表，第四届全国人大代表。1997年病逝于济南，享年79岁。生前遗嘱丧事从简，并将骨灰撒入黄河之中。穆林同志是从事党校工作较长的老一辈领导人，积累了丰富的实践经验。此文根据其回忆材料整理，记述了当年党校火热的学习和战斗生活。

1938年8月　求学中央党校

在抗大毕业的前夕，学校政治部主任张际春通知我到中央党校学习。到中央组织部办理转学手续时，王鹤寿科长接待我。他看着介绍信上我的名字“于清远”三个字，建议改一下。因为，党校毕业后可能要去白区工作，改名字便于隐蔽身份。我稍加思索后说：“就叫穆林吧！”从此，这个名字一直叫了下来。我持中组部介绍信去中央党校所在地延安城东桥儿沟报到，被编入28班，全班40余名同学，其中一部分是入党不久的青年人，一部分是延安各学校转来的，也有外地来的；多数是老干部，南方籍的居多。班上成立了党支部，史坚任书记，我担任组织委员兼保卫委员，任鋆、任敬先后任宣传委员，刘涌任生活委员。

中央党校是党的干部学校，主要训练县、团以上的领导干部，而且要求政历清楚。其生活、学习方式，与抗大很不相同，不上早操，不搞训练，但严格保密，不准随便交谈自己的经历和进城会见朋友。学习以自学为主，重点是党的建设课，包括中共党史、土地革命史、统一战线等，还有马列主义基本理论课。党建课都有讲义，发了许多教材与书籍。马列课主要以斯大林的《论列宁主义基础》作教材。还发了王明的《为中共更加布尔什维克化而奋斗》和米夫的《中共英勇奋斗十五年》小册子，后来大家把它作为批判用书。

这一阶段的学习，对我来说至关重要。它使我比较系统地学习了马克思主义的三个来源和三个组成部分，进一步确立了共产主义世界观，懂得了作为一名党员，不仅要参加民族战争，还要完成民主主义革命、社会主义革命，并为党的最高纲领即实现共产主义奋斗终生。

由于党校培养的是党的干部，党中央很关心学员的学习，一些领导同志经常到校讲话、作报告；中央的一些会议精神经常向学员传达，有些活动也吸收学员参加。我们这一班即经历了这样几次大的活动：

结合学习，批判张国焘。1938年4月18日，因分裂党和红军，受到党中央批评而耿耿于怀的张国焘，借清明节祭扫黄帝陵之机，投入了国民党反动派的怀抱，到武汉见蒋介石悔恨交加地声言“兄弟在外糊涂多年……”这件事传来，延安为之震动。中央决定开除他的党籍，并在机关、学校中展开批判。

我们几个班，请红四方面军干部揭发张国焘在长征途中分裂中央的行径，请当年的警卫人员述说其投靠国民党的丑行。然后大家继续批判，并结合学习马克思著作和中央领导的报告讲话。这次活动持续了一个多月，大家不仅认清了张国焘走向反动的历史，还从中领悟到增强党性非常重要，否则，个人主义膨胀，关键时刻就会违背党的原则，这种人必然被全党所唾弃。

邀请党的六届六中全会与会人员作报告。1938年9月至11月，扩大的党的六届六中全会在中央党校召开。除毛泽东、周恩来、朱德等每天骑马回到原住处外，大部分与会人员住在党校里面。学校管理委员会主任柯庆施趁与会人员空闲时间，请他们分别给学员作报告，一个多月时间，共请了30多人，几乎天天下午有报告。我们听过周恩来关于保卫大武汉的报告，项英关于南方三年游击战争和成立新四军的报告，王稼祥关于八路军政治工作的报告。还有陈云、朱德、刘少奇、彭德怀、贺龙、彭真、萧克、张浩、博古、程子华、罗荣桓、潘汉年等人的报告。他们的报告，介绍了时事形势、党的工作和武装斗争等多方面情况，理论观点精辟，我们每个学员都记了厚厚的两三本笔记，但六中全会一结束就都收回去了。

会议结束时恰遇十月革命胜利纪念日，晚上放映苏联电影，为了使大家看得懂，杨尚昆看着银幕上人物的动作，作口头翻译或解说。会议休息时间，篮球场是热闹地方，中央许多领导人将衣服一脱就上场，同大家一起跑跑跳跳地打球，朱德年岁大，行动慢就专当后卫。晚上组织联欢会，大家争先恐后地贡献节目，朱德唱京剧“八大庙”片段，康生会打锣鼓，有的唱少先队、青年团歌曲。上上下下、方方面面，同志间关系是那样的真挚、和谐，革命气氛是那样的欢快、热烈。

传达学习党的六届六中全会精神。党的六届六中扩大会议，重点听取了毛泽东《论新阶段》的政治报告和会议总结，批判了王明的右倾错误。中央党校的柯庆施和干部部部长曹轶欧，作为列席代表参加了这次会议，会后向学员传达了会议精神。由于《论新阶段》前一部分有王明的观点和口号，传达时只讲最后一部分，即后来我们在《毛泽东选集》第2卷上看到的《中国共产党在民族战争中的地位》《统一战线中的独立自主问题》《战争和战略问题》3篇文章。同时，传达了张闻天《关于民族统一战线与党的组织问题报告》和《关于组织问题的若干规定》，强调在新的抗战形势下，调整各级党政军群组织机构和组织制度的重要性。

传达之后，学校又安排两个月时间，把毛泽东的报告分成几部分，逐一认真学习和讨论。尽管会议之前中央没点名批判王明，但我们却从他自苏联回延安后的言论中，特别是“统一战线高于一切，一切服从统一战线，一切经过统一战线”的提法上，察觉到明显地同党中央关于抗日民族统一战线独立自主的原则相违背。同时也认为博古发表在《新华日报》上一篇文章讲的“国民党与共产党的血流在抗日战场上”，是分不清敌我。通过学习讨论，进一步认识了党的六届六中扩大会议的历史贡献，它纠正了王明的右倾错误，肯定了毛泽东的领导地位极其正确的抗日路线，在民族统一战线中，共产党必须独立自主地开展抗日斗争。

学习讨论的后期，中共中央青委的冯文彬、李昌、胡乔木、黄华等，组织召开了西北青年代表大会。这个会实际是全国性的会议。中央党校安排钟效培、周惠、胡克实等为代表，也让我参加了大会。

1939年1月　转学马列学院

1939年1月，中央党校由桥儿沟迁到马列学院东边的大鞭沟。2月底，我们这一班就结束了。结业仪式很简单，没有举行典礼，也不发毕业证，只是请中央领导来讲话。结业前后，部分学员陆续分配工作。本来，我和另外几人确定回山东，因无同行的干部队伍而难以成行，经过一次简单考试，又转入马列学院学习。

马列学院是培养党的理论干部和高级干部的学校，后来，随着抗日形势的发展，各级各类干部都有吸收。至我们入学时是第三班（即第三期），班里面有威名远扬的将领徐海东，早期党员刘澜波、陈雷，颇有名气的文学家丁玲等。后来知道，一、二班侧重培养党的理论宣传干部，三班的学员多是准备调赴前线。

马列学院的学期为一年，而我只学习了两个月。时间虽短，却受益匪浅。一是有幸听取了著名专家、教授的课程，如王学文讲的政治经济学，艾思奇讲的哲学，陈昌浩讲的世界革命史，陈云讲的党的建设和干部政策，张浩讲的工人运动史等。二是进一步受到了延安革命生活的熏陶和锻炼。

我所在班的学员，资历、文化程度、理论水平参差不齐，但大家都以平等的同学关系友好相处，在学习和生活上互相关心，互相帮助。徐海东、丁玲、刘澜波、陈雷等老同志同我们一起学习讨论，常常联系革命事件和切身经历畅述历史经验，听来感人至深。在党的小组会上，大家都作为同志以诚相见，敞开心扉，畅所欲言，以团结的愿望开展批评与自我批评，使彼此的同志感情不断加深，思想认识不断提高。

抗日战争进入相持阶段后，陕甘宁边区财政经济遇到很大困难，中央作出《关于开展生产运动的通知》，毛泽东号召大家开展生产自救。他说：现在财政经济这样困难，我们是等着饿死呢？还是自己动手呢？饿死是没有一个赞成的，解散也是没有一个赞成的，还是自己动手吧！

在党中央和毛主席的发动号召下，自1939年春，延安的各机关、学校和农村开展了大生产运动。当时，延安周围有大片大片的荒山秃岭，没有树木，只长荒草，翻去草皮，播上种子，无须锄地、施肥，有雨庄稼就能长起来，单等秋后收割。当时参加生产劳动，一方面是为了生产粮食、瓜菜，补助生活；另一方面也是对大家，尤其是知识分子的锻炼。

马列学院开学不久，学校就组织我们带上干粮，步行十几里上山开荒，每周去一次或两次。每当傍晚收工时，我们站在地头，看到划分的地片上，草皮被锄除，堆成垛，现出一块块潮湿鲜黄的土壤时，我们的疲乏便一扫而光，从心底感到舒畅。

1939年4月　执教山东党校

4月下旬的一天，学校通知我去中央组织部，见了王鹤寿。他先介绍说：目前，中央正从抗大、陕公、中央党校等处抽调学员去前线。你们胶东有位叫林乎加的同志，来中央汇报工作后，要带一批干部回山东。接着，又征求我的意见：你是愿意留下继续学习，还是走呢？尽管我希望在马列学院学习到结束，但一旦有了上前线的机会，还是想早一天投入到火热的抗日斗争中去。我爽快地表示，愿意回山东。不久，林乎加到学校找我接了头，商定了有关事项。

五一节前夕，离开延安上前线的学员大部分都集合到中央组织部招待所。此后，经过长途跋涉，我们一行人来到山东分局驻地沂蒙山区，实现了在延安时立下的“到敌后去”的志愿，心情十分振奋，一路上困乏疲劳随之消失。

在分局尚未公布我们的去向时，每个人都有自己的想法。我认为，自己本来是胶东特委派到延安向中央要军事干部的，理应回到胶东去。同时，也思念年过六旬的父母，盼望早日回去看看。当然我也清楚地知道，在战争年代，身在革命队伍的人与处在敌占区的亲人，有时虽近在咫尺，却犹如远在天涯。即使我能回到胶东，想与住在烟台敌占区的家人团聚也很困难，所以只是想想而已。

山东分局对我们的去向很快作了决定，分局书记朱瑞同志说：山东这两年，由于日本侵略军向正面战场进攻，敌后抗日根据地有了很大发展，党的组织、抗日武装队伍迅速壮大，全省党员人数已从抗战初期的2000多人发展到5万多人。当前，我们面临的一项紧迫的任务，就是要培训大批干部，充实到各条战线中去，以发展壮大我党、我军力量，巩固扩大抗日根据地。停了停他接着说：原来中央组织部谈话时，是让你们都到胶东去。由于情况变化，改变原计划，现在由山东分局分配你们工作。又直接对我说，你在中央党校学习过，又带回了一些书籍和讲义稿，所以决定你去分局党校当教员。陈明同志也刚到任，你们一起研究编写讲义，教好党的建设课，这是当前党的一项重要任务。我愉快地表示服从组织分配。

1939年10月上旬的一天，我背着行李和书籍、讲义到分局党校报到。这时，党校第四期刚刚开学。这一期同前三期相比有了很大变化，组织规模扩大了，领导力量加强了，配备有主持日常工作的副校长和几名专职教员，学员由以前的100多人增加到200多人，还专门配备了有200多人的警卫连。当时朱瑞兼任分局党校校长。主持工作的是副校长陈明同志；以前主持工作的潘维周任政治处处长；曾在岸堤军政干校做教育工作的李仲林任教育处处长；陈侠任总务处处长；于杰任党总支书记。专职教员有：讲中国革命问题的宋竹庭，讲政治经济学的张格心，讲科学社会主义的郝诚。陈明不仅负责全校工作，还担任一队的党建课。他们都有在根据地党校和干校工作过的经历，有丰富的办学、讲课经验。对于在这样一个好的环境中工作和学习，我十分满意，对做好教学工作也充满信心。

分局党校设置党的建设、中国革命问题、马列主义常识（包括政治经济学和科学社会主义）和游击战争四门课程。党校领导安排我负责二队的党建课教学。对此工作，我想得有些简单，认为党校原来就有讲义，并且我从延安带来的书籍、讲义稿也交给了教育处，大家商量着修改就可以了。可是，真正做起来却很困难。因为，党校不同于一般学校，不是仅把各方面知识灌输给学员就行了。它的基本任务是，要向党员讲授马克思主义基本原理，使之树立起坚定的共产主义人生观和世界观，克服各种非无产阶级思想，为共产主义奋斗终生。要使党员掌握马列主义的立场、观点和方法，用来分析形势，正确理解和执行党的路线、方针和政策。并按照党员标准身体力行，在革命斗争中真正发挥党的核心领导作用和党员的模范作用。

为切实完成所担负的教学任务，我坚持做到自己首先学习好，并了解时事形势和党的指示精神。当时大家都很关心国内外形势，而我从延安到山东的半年多时间内，虽然在途中听到地方党和军队负责人讲过一些国际、国内的大事件，但毕竟没看到文件和报纸，对一些事情知道得不详细。党校里的其他同志却认为我在中央党校学习这么长时间，希望从我这里知道一些有关中央方针政策的具体内容。为此，陈明、潘维周等同志用课余时间，组织了多次人数不等的小型座谈会，也可以说是集中备课会。会上大家畅所欲言，讨论和阅读有关文件。现在记得比较清楚的有这样几个问题。一是1939年8月23日苏德签订互不侵犯条约，大家对社会主义国家同法西斯国家签约很不理解。及至德国法西斯掉转枪口向英法及其盟国进攻，第二次世界大战全面爆发，我们联系这一重大时事转机，结合学习、讨论毛泽东讲的帝国主义战争问题，才清楚地认识到，苏德签约，促使帝国主义之间发生战争，帝国主义国家两败俱伤，对各国的民族民主革命有利，包括我国的抗日战争。当时的一首歌中“狗咬狗两嘴毛”的词句就反映了这种认识。二是1939年我国的抗日战争转入相持阶段，表明敌我力量发生重大变化，迫使敌人不得不放弃对国民党正面战场的进攻，而采取诱降政策。在日军兵力转向敌后根据地，加紧“扫荡”的同时，国民党反动派进行“溶共”“限共”“反共”，掀起第一次反共高潮，唆使顽固派和地方反动派挑起摩擦，制造反共惨案，在山东抗日根据地内，形成了日伪同我抗日军民尖锐斗争的局面。在这种斗争形势下，学习、讨论毛泽东于10月10日发表的《目前形势和党的任务》中关于“坚持抗战、反对投降；坚持团结、反对分裂；坚持进步，反对倒退”的三大口号，更加清楚地认识到敌后抗日战争的严峻形势。三是党校的许多同志听说，党的六届六中全会在中央党校召开，而且让学员听了很多报告，希望通过我了解具体情况。根据记忆，我着重谈了有关王明的问题，说明王明在1938年曾同毛泽东争当党的领袖，写了许多错误的文章，反映出右倾投降主义思想。王稼祥同志自莫斯科回延安，传达了斯大林、季米特洛夫关于中国共产党要以毛泽东为核心的指示后，才不敢公开同毛主席争领袖地位。毛泽东关于《论新阶段》这个报告，前一部分是王明的意见，错误很多，后一部分和总结是毛主席写的，这才是正确的。不过，在当时出于对统一战线的考虑，没有对外界讲，只在党内作了传达。山东分局党校的同志得知这件事，从心底感到快慰。因为在敌后工作的同志在斗争实践中都有切身体会：“一切经过统一战线、一切服从统一战线”，根本行不通，它简直无异于向敌人缴械投降。四是大家也议论到，中央党校是否提出过校风问题。我只记得延安抗大确定了校风，中央党校没有提过校风。只是中央领导人每次到党校讲话，都强调从实际出发，以实事求是、自力更生、艰苦奋斗的精神办好党校。这样的小型座谈会，统一认识，交流思想，对提高教学质量大有帮助，我个人也深获教益。

为了教好党建课，我注重调查研究，坚持联系学员的实际情况进行教学。在调查中发现，这一期学员多是1937年后入党的青年人，由于党龄短，对党的基本知识掌握较少，多是中农、小职员家庭成分，还有的是地主、富农、城市资产阶级家庭出身。多是小学、初中文化程度，也有少量的高中、大学生，属于知识分子。多在县、区或连队任职，属于基层的负责干部。他们脱离岗位到学校学习，都具有强烈的求知欲和高涨的学习热情。从这些具体情况出发，我经常参加他们的学习讨论会，由于关系亲近和年龄相仿，他们不称我教员，亲切地称我“穆同志”。只要把讲义发下去，指出需要领会的重点和必读的书目，大家就认真学习，并积极提出与争论问题，勇于暴露思想，开展批评和自我批评。我由于了解学员的思想认识水平，有的放矢地去讲，因而能够针对实际，重点讲解党的章程纲领，使他们跳出了小资产阶级狭隘圈子，决心为共产主义事业而奋斗，自觉地克服各种非无产阶级思想意识，学员们反映这样教学，贴近实际，针对性强，听得懂、记得牢，便于运用。学员们的鼓励，促使我更加认真地搞好教学。

分局党校第四期，实际上只进行了3个月，期间还经历了两次日伪“扫荡”。第一次，我们被迫向西转移出40余里，“扫荡”过后，又回到原驻地岸堤村。第二次，被迫向南转移到孟良崮附近的铁峪村，学习了一段后，1939年12月底便结业了。但总的看，这一期环境相对稳定，学习正常进行。在国际国内发生重大事件时，分局负责同志便亲自作时事报告。全体学员上午上课，下午自学，晚上以班为单位讨论。在农家场院里，大家坐在石头上、砖头上以腿当课桌，认真听讲，仔细作笔记。学员结业离校时，也和我们离延安时一样，背了一大堆教材、讲义、笔记本，以便继续学习或讲给别人听。看到这些，我从内心感到高兴，因为我们教的课不仅培育出一批学员，还将在日后得到传播，发挥更大的作用。

在这短短的几个月中，我与陈明、潘维周、李仲林等同志建立了深厚友谊。两三年后，突闻他们相继牺牲在抗日战场上，惋惜、悲痛之情不能自制，而且至今难以忘怀。

1939年7月 主持第一区委党校

1939年7月，山东分局决定建立第一区党委。该区北起胶济铁路，南至陇海铁路，东临黄海海滨，西达津浦铁路，下辖5个地委，20多个县委、工委，有党员1.5万余人。林浩任区党委书记兼任军区政委、宣传部部长，史秀云任组织部部长，朱毓淦任保卫部部长，霍士廉任政府工作部部长兼统战部部长，李林任民运部部长。第一区党委建立后，陆续建立了区党委机关。年底，在原工作团训练班的基础上建立了党校，林浩兼任党校校长。

1940年1月，山东分局决定调我到第一区委党校当主任，主持日常工作。我深知责任重大，唯恐难以胜任，但还是抱着在干中学的决心到职工作。林浩由于工作忙，又认为我从分局党校来，有办学经验，就放手让我工作。我注重深入实际学习，很快便了解了基本情况和结识了许多新同志。这里没有专职教员，只有十几个工作人员，如组织科科长张恺，教育科科长刘启源，大队长张汉良，总务科科长李凤五等同志。

1月下旬，党校在沂水县岸堤村开学。学员200多人，多是来自各县的部门负责人、区级干部，也有部分一般党员干部和刚恢复关系的党员，还有少数地方武装的负责人，如淄博工人支队队长苏成海、参谋长孟冠军等。党校实行军队编制，全校为一个大队，大队长是张汉良，我任政治委员。大队下设两个中队，每个中队设队长和指导员，基层为班，每个班配班长、副班长。党校设立总支委员会，我任书记，几位科长和大队长是委员。每个中队为一个支部，由指导员任书记，吸收队长和几名学员组成支委会。每个班建一个党小组，班长或副班长任党小组长。

1940年上半年，日伪经常对抗日根据地进行“扫荡”，国民党顽固派的军队也不断制造事端，加之区党委机关经常到各地巡回检查工作，所以党校就随之频繁地转移驻地，经常在沂水、莒县和日照之间活动。学习环境动荡不定，学校又没有专职教员，在这种情形下，为完成艰巨的培训任务，我们采取了相应的教学方式。一是采取了自学为主、讲课为辅的方针，安排学员利用战时空隙时间，抓紧自学，不懂的问题提出来，统一讲解辅导。二是贯彻少而精的原则，对课程和内容有所取舍，突出重点内容的教学。这期间，毛泽东的《抗日游击战争的战略问题》《论持久战》《中国共产党在民族战争中的地位》《统一战线中的独立自主问题》《战争和战略问题》，刘少奇的《论共产党员的修养》，陈云的《干部政策》，王稼祥的《关于三民主义与共产主义》等都作为党校讲课的主要内容。区党委负责人也经常结合形势和党中央的重大决策到党校作报告。

为使学员在残酷的斗争环境中坚定意志，这期党校还进行了革命气节教育。我们把李大钊、瞿秋白、蔡和森、向警予等革命先烈的事迹，列入教学内容，并宣传当地的英雄人物。如苏鲁抗日义勇军政治委员何一萍，1938年在反顽斗争中壮烈牺牲的事迹；胶东特委书记理琪，在雷神庙抗击日军中为国捐躯的情景。这种真人实事，具有强烈的感染力，使学员对敌人更加仇恨，对先烈更为崇敬，决心像先烈那样抗战到底。

这一年的3月下旬，区党委、军区到莒日公路以北的五地委检查工作，公路以南的几个单位组成了一个临时工作团，团长由区党委社会部部长朱毓淦担任，青委书记杨涤生和我担任副团长，主要任务是按照“三三制”原则建立县抗日民主政府。通过组织各界代表协商酝酿，我们于3月31日在黑涧召开了300余人的各界代表会议，推举谢辉为县长，

接着又指导各区建立了区政府。任务结束后，我在教学中以此为例，讲解了民主建政的重要意义和“三三制”的原则，以及进行群众工作的方法。这一新的课程，很受学员欢迎。他们说，由此懂得了民主建政的原则和方法，回去后工作就能用得上。

在学习中，尽管环境、条件很差，但大家的学习热情高、毅力强，除自己刻苦读书外，共同探讨的空气也很浓。有时为了弄清一个问题，大家各抒已见、争论不休。记得当时争论最多的问题是有关统一战线中的政策问题。对中央规定的统一战线的方针政策，都十分赞成，对于打击顽固派特别拥护。但是，具体到当地的统战对象，哪些是进步力量？哪些是中间力量？哪些是顽固派？就有了分歧，甚至争论得面红耳赤。对于吸收到“三三制”政权中来的某些人物，也有不同看法。由此可以看出，学员对于统一战线中的政策问题十分关心，因为这将是他们日后工作面临的一件大事。对于这些具体问题，辅导不可能使他们得到满意的答复，我们只能按照马克思主义的原理讲解，最后在具体问题具体分析的原则上统一了思想。

1940年5月下旬，党校转移到沂南县的青驼寺一带。这时第一区党委正准备撤销，党校经过4个多月学习，也基本上完成预定任务，因而便于5月底结束。结业时举行了简单的仪式，山东分局宣传部部长李竹如、省战工会副主任陈明同志到会讲了话。他们指出，敌后更加艰难的抗战形势已经到来，鼓励大家坚定立场、英勇奋斗，把在党校学习到的东西，带回到工作中去实践、去提高，为争取抗战形势的好转做出应有的贡献。

这一期开学不久，我们随区党委转移到莒县，与军区教导大队同住孟家西楼村。3月9日，区党委书记林浩给党校和教导大队作政治形势报告。10日凌晨三四点钟，突然遭到大店据点300多名日军和伪军的包围。敌人的枪炮和手榴弹打到庄内，教导队先与之接上了火，谢大队长负伤后撤出。我们也立即组织学员从村东北角顺着河沟突围，并赶到中楼村向区党委报告敌情，区党委立即要军区特务团进行阻击。军区特务团在团长武中奇、政治委员王建青、副团长赵昭、政治部主任董超指挥下，打退了敌人的进攻，掩护区党委机关和党校、教导队安全转移。战斗直打到午后3点钟才结束，敌我双方都有伤亡，特务团战士伤亡30余人，其中牺牲20多人。孟家西楼村群众死20余人、伤17人，中楼村群众死6人、伤9人。战斗结束后，我们派总务科科长李凤五等同志，回村抚慰群众，感谢他们冒死掩护了党校一位掉队的学员，并把突围时藏在井里的猪肉送给他们。这一战斗，群众虽有伤亡，很悲痛，但立场坚定，把仇恨记在敌人身上。特别是村里的自卫团参加了战斗，亲眼看见了八路军英勇善战不怕牺牲的实际行动，从而对八路军更加敬佩和信赖，使党群军民关系更加密切。

1940年4月　调任鲁南区委党校

1940年4月13日，山东军政委员会决定，将第一区党委划分为鲁中、鲁南两个区党委，党校划归鲁南区党委。5月底，在鲁南区党委书记赵镈等同志的带领下，区党委机关人员以及党校20余人，从沂蒙山区青驼寺一带出发，绕过日伪据点、封锁线，越过蒙山龟蒙顶，于6月初到达驻地费县的天宝山区。

鲁南辖区范围，东至滨海边，西达南四湖，南起陇海铁路线，北抵蒙山山麓。区党委下设一、三两个地委和费南、滕东、峄县、临郯费峄四县边联4个县委。赵镈任区党委书记兼军区政治委员，魏思文任组织部部长，林乎加任宣传部部长，杨涤生任民运部部长，邝任农任军区司令员，彭嘉庆任政治部主任，他们都是区党委委员。不久，区党委委员又有所变动，邝任农调走，张光中继任司令员；彭嘉庆、杨涤生和专员于化淇调走，张雨帆继任组织部部长；魏思文改任民运部部长，调来李乐平任专员。

随着党委机关各部门的相继成立，党校组织机构也建立健全。赵镈兼任校长，我仍任主任，并主持日常工作。张恺、张汉良、李凤五等人仍任原职，教育科科长改为刘亦夫。后来办第二期党校时干部变动较大，原来的几位科长都先后调离，又调来孙黎明任组织科科长，傅展如当教育科科长，李恭任总务科科长。

这时期，正值国际国内反法西斯战争形势异常严峻，我抗日军民面临着巩固、建设根据地的紧迫任务。国际上，第二次世界大战正激烈进行，德、意法西斯已占领西欧、北非大陆。国内，日伪军对抗日根据地疯狂地进行“扫荡”、封锁、蚕食，并实行灭绝人性的杀光、烧光、抢光政策。国民党反动派消极抗日，并于1941年1月6日发动了皖南事变，掀起了第二次反共高潮。驻鲁南的国民党顽军和土顽也遥相呼应，不断制造反共摩擦，骚扰袭击我抗日军民。在这种形势下，能否坚持抗日反顽斗争，巩固与建设抗日根据地，成为事关抗日斗争成败的重大问题。

毫无疑问，要坚持抗日斗争、巩固抗日根据地，就需要党校培训大批坚强的抗日干部。但是，至于训练哪些干部，以及如何确定教学方针和学习内容，则是党校亟待解决的问题。为此，赵镈召集与党校工作有业务关系的宣传部、组织部等部门的负责人，同我们一起进行了分析研究。当时，根据地的主要干部，多是抗战后入党的小知识分子，有些出身于地主或小工商业者家庭。由于他们党龄短，缺乏党内生活陶冶，还存在某些小资产阶级思想意识，有待于进一步坚定共产主义信念。也有一部分是抗战前入党的老同志，有的还参加过暴动。这些人革命意志虽然坚定，但需要学习理论，认清形势，提高执行党的路线方针政策的自觉性。针对这些基本情况，我们研究决定，培训对象以县、区级干部为主，包括县委书记、县长、县大队长，县委各部部长及工、青、妇负责人，县政府各科科长，以及部分区级干部和少数参加暴动重新恢复组织关系或重新入党的老同志。同时，还决定了党校教学工作的有关问题。

一、教学内容。本着少而精的原则，侧重于讲好党建理论课。二、根据缺乏专职教员的情况，实施自学为主的方针。三、在教学中结合进行整党、审干等工作。四、为保证学习安全，配备武器，将党校武装起来。

1940年6月至年底办了第一期，1941年1月至6月办了第二期，两期共400余名学员。第一期开学不久的7月间，区党委即给党校配发了较好的枪支、子弹和手榴弹，加上工作人员和部分原有的短枪，基本上达到了每人手中有一两件武器，我们又挑选了部分懂军事、体力强的学员组成小型战斗队，并加以严格训练。同时，也要求全部人员实行军事化，一切行动听指挥，像正规连队一样，每到一地先考察地形，布置岗哨，并派人四处侦察敌情、执行战地勤务。有些学员本是县、区负责人，也带兵打过一些小仗，但很少亲自值勤，这时却甘当普通一兵，站岗放哨、侦察敌情，以及执行筹集给养等战勤任务，在思想和作风上受到了锻炼。

党校学生武装起来不久，就接受了一次战时行军的考验。在第一期开学后的8月间，日伪军对天宝山区进行“扫荡”，目标是区党委机关。这时党校已具备了一定的战斗力，因而便于单独行动。我们从驻地西卓庄出发，经白彦到达滕东县七里河一带，住了一两天后发现敌情，又进行紧急转移。当时是一个电闪雷鸣、暴雨如注的夜晚，不仅道路很滑，而且伸手不见五指，只有打闪的那一瞬间，眼前才“唰”地出现一道白光，随即变得一片漆黑。大家艰难地爬过七里河南山，天破晓时才到达尚未发现敌情的臼子峪村，无一人掉队。在雨中行军时，大家将文件、书籍包在油布中或装在洋铁皮箱子里，一点也没被雨水浸湿。这次反“扫荡”斗争持续了10余天，我们一直独立行动，避敌锋芒，辗转于峄县北边的东西阳泉、临郯费峄四县边联的上村、增光峪一带，一点也没受损失。敌人“扫荡”过后，我们又返回靠近区党委机关和一一五师驻地的西卓庄住下来接着学习。

经过几次反“扫荡”斗争的锻炼，我们按照罗荣桓同志的战术原则，逐渐形成了灵活机动的活动方式——“擦边和翻边”战术。即根据日伪袭击的目标主要是大机关和主力部队的特点，平时，我们离开机关、部队单独活动，但保持几十里的距离。这样，我们既能同大部队联系，又构不成敌人袭击的目标。敌“扫荡”时，我们在敌我队伍接合部灵活运动，敌向我方来，我则迂回到敌后，敌人扑空，我却摆脱敌人安全转移。在1941年敌人的几次“扫荡”中，我们便是凭此战术，屡次横穿敌封锁线，往返沭河之间，巧妙地同敌周旋，及时而安全地转移，两期学员无一伤亡和掉队。

这两期教学，我们仍沿用山东分局党校设置的党的建设、中国革命问题、马列主义常识和游击战争四门课程，还是侧重于讲党建理论课。有关的时事政策教育，主要是请上级党政军负责人作报告。他们都以党校工作为己任，尽可能地利用一切机会到校讲课、作报告或解答问题。如1940年冬季，一一五师政治部肖华主任和各部的部长，鲁南区党委各部的部长，都分别抽出时间到党校作报告。可以说，他们实际上成为党校的兼职教员或辅导员，在战时环境中这是难能可贵的。同样，一一五师凡有大的活动，也尽量特邀我们参加，比如1941年5月间一一五师开党代表大会，吸收党校学员去听报告。

每一期的教学，我们始终把严格开展组织生活，作为加强党性锻炼、提高学员政治素质的重要一课。每期200名学员，加上党校30余名工作人员，建立一个总支委员会，直接隶属于区党委。总支下面设两个学员支部、一个工作人员支部，支部下面又设若干个党小组。总支和支部定期召开会议，研究讨论工作、学习问题。党小组会开得较为频繁，每周至少一次，主要是检查党员思想情况和学习、工作中的问题，开展批评与自我批评。当一个党员汇报思想、学习情况之后，其余同志便根据实际表现进行评议。对那些思想上有严重问题，而且在行动上有所表现或在群众中造成不良影响的，大家就诚恳而严肃地进行批评，帮助其分析错误的根源和后果，同时也充分肯定其优点长处，真诚地鼓励其进步。

党小组之外，还采取个别交谈等方式，做经常性的思想教育工作。那时，党支部书记、委员和党小组长，在党员中都有相当的威信和责任感，一般都能代表党的基层组织，主动地、经常地找同志个别谈心。每个党员也乐意向他们敞开心扉，有了思想顾虑，不是闷在心里，而是主动地找党小组长、支委、书记交谈，以求得帮助。在小组会上开展的批评，有时与事实有出入或言辞尖刻，便通过个别谈心来弥合一些不必要的裂痕。党员之间的互相帮助，多采取个别交谈的方式。大家把党的利益看得高于一切，把党看成一个整体，而自己则是整体中的一个细胞。每当发现一个同志犯有错误，就像党受到损害一样，就像发生在自己身上一样。因而，便无微不至地关心别人，并设身处地去帮助改正。在清晨或傍晚，常常可以看到，有不少同志相约走进树林或到小河边，亲密地促膝谈心。

每期毕业前夕，还结合组织生活对学员认真做一次鉴定。学员也非常重视这次鉴定，因为它是在校学习成绩、思想表现的记载和回单位后组织部门考察使用的依据。做鉴定时，先由学校作动员，提高思想认识；再由个人写出总结鉴定材料，实事求是地列出优点和缺点；然后，党小组会进行讨论，提出基本意见；最后，交支部审定，形成鉴定。

为巩固、纯洁党组织，我们还按照上级指示精神，在每期党校的后半期，开展了审查干部工作。一般的做法是，先由区党委组织部或党校负责人作动员，提高大家对审干重要性的认识，解除思想顾虑，积极参加进去。然后，写出个人情况的书面材料，并在党小组会上讲清楚，经同志们讨论通过后，交支部和总支审查。学校方面，也及时而正确地处理有关问题。比较难处理的问题有两个。一是审查处理失掉关系的党员问题。此类情况颇为复杂，有的是抗战前入党，因被捕入狱释放后失掉关系，有的是因参加农民暴动在转移中失掉关系，有的是因入党介绍人出问题本人受牵连失掉关系。他们在入党校前都分别解决了党籍，有的是恢复了组织关系，有的是重新入党，在审干中普遍要求进一步弄清自己的问题。对此，我们采取的对策是：只要本人将有关情况讲清楚，而且能在附近找到证明人的，就给予承认；一时找不到证明人的，就留待回原单位解决；受介绍人牵连的，只要本人无问题，可另找介绍人，党龄不受影响。二是审查处理极个别人曾参加过反动党团或反动党团外围组织问题。这些同志在入党时，都作过交代，但在审干中仍背着沉重的思想包袱，要求组织上再作审查结论，对此类问题无法进行新的调查，只好视本人交代情况而定。如果与入党时交代相同，没发现新的问题，或者由于本人觉悟高又交代了未曾反映的问题，组织上便予以肯定，对其政治上维持原结论、组织上不作重新处理。

从党校审干工作来看，两期400余名学员，无论是在抗战前白色恐怖下入党的，还是在抗战烽火中入党的，都是忠诚的革命者，他们不为名和利，不怕苦和死，在抗日斗争中履行着为壮丽的共产主义奋斗的誓言。我们开展的审干工作也是妥当的，通过审干纯洁和巩固了党组织。至于个别学员离校后又在审干中被错杀，那是某个单位造成的错案，好在已经纠正平反，但作为教训则是沉痛的。

在两期党校中，我们都把群众工作列为教学内容。基本做法，一是组织学员参加区党委的工作团，二是号召学员积极做好驻地村的工作。参加工作团有两次。第一次是在特殊情况下参加的。一一五师刚进军天宝山区时，当地的封建道会门头子廉德三，接受我军整编为天宝山游击大队，一一五师随即派去了部分政工人员。而廉德三却暗中与日伪勾结，并于1940年8月8日公开叛变投敌，扣押、杀害我工作人员。

在争取工作无效的情形下，一一五师六八六团和师直特务营于9月2日向其发动进攻，经数日激战才攻上山去，此时我部队伤亡较重，干部、战士义愤难平。一一五师政治委员罗荣桓觉察大家情绪异常之后，为防止发生杀害俘虏和道会门群众现象，立即派两名科长上山做工作。不料，其中一名又被廉残部杀害，见此状另一名科长难以控制自己，同战士一起镇压了一些人。对此事，罗荣桓作了自我批评和严肃处理了违反纪律的干部。同时，责成鲁南区党委组成工作团，深入天宝山区做群众工作，重点消除群众对我军的误解。我们党校的10多名学员参加了该工作团，同其他同志一起，耐心地向群众宣传解释，着重说明：（1）廉德三已投敌当了汉奸，率部占领天宝山，杀害我们的干部，向我八路军进攻，我军伤亡较大，群情激愤之下，有人违反政策，杀害了个别放下武器的俘虏和反动道会门的骨干分子。部队首长对此事已作了处理，今后不会再发生类似事件。（2）八路军和根据地的人民是一家人，要提高警惕，分清敌我，不能听信谣言，今后再不要受骗上当，做亲者痛仇者快的事情。（3）这次事件的罪魁祸首是廉德三，他的主子是日本侵略者，要把仇恨记在他们的头上，把账算在他们的身上，只要我们团结起来，一定能打倒他们，建设我们自己美好的家园。经过半个多月的工作，群众同我们的对立情绪逐渐缓和，隔阂基本得以消除。后来，当地群众与我党我军的关系十分融洽，天宝山区成为一块坚强的抗日根据地，人民群众对抗日战争做出了巨大贡献。经过这次参加工作团，学员普遍受到了一次政策教育，也学习掌握了一些做群众工作的经验。

第二次作为工作队做群众工作，是1940年底第一期毕业、第二期尚未开学之时。此次是区党委指示党校工作人员，到各县检查帮助工作。我带领傅展如、李尼山、王铁英等同志，先后到了费南、滕东、峄县、临郯费峄四县边联县，历时一个多月。党校其余人员，也在这个时期到邹东凿山一带做群众工作。我们每到一地，先听取当地县委书记、县长等负责同志的汇报，然后再共同研究布置工作。当时各县形势都很严峻，经日伪“扫荡”、蚕食和顽军侵占后，比区党委刚建立时根据地减少了80%左右，县、区武装也损失一半，且我军民普遍面临缺衣少食的困难。在此情形下，干部队伍存在不少问题，有少数人悲观失望，甚至有个别的离队回家或叛变投敌。但是，各县、区的领导核心是坚强的，领导同志的精神面貌是好的，大家都具有克服困难，坚守阵地，打出一个好局面的坚强信心。检查工作结束后，我们一方面将各县情况向区党委作了全面汇报，一方面将有关情况综合整理，并提高到理论和政策的水平高度，作为向第二期党校学员讲解的具体教材。这一切，不仅受到了学员的欢迎，也得到了赵镈同志的表扬。对此，他进一步总结说：只有吃透困难和优势，才能找到战胜困难的办法。

具体工作内容有如下几项：(1)进行调查研究，掌握驻地村庄情况。采取广泛接近、走访群众的办法，调查本村的阶级状况、不同人的政治态度，以及我基层组织和人员的情况，以决定依靠哪些人、控制哪些人、团结哪些人。(2)宣传抗日道理，发动组织群众。由女学员走门串户做妇女的工作，男学员去学堂、场院等场合去做男人的工作，向大家讲解抗日救亡和翻身求解放的道理，讲解党的群众路线和群众

观点，并宣传破除迷信、调解民事纠纷。这样做很有效，广大群众的阶级觉悟再次受到启发，振奋了抗日斗志，自觉行动、组织起来，许多群众团体得到恢复和发展。在配合部队打击敌人，挖沟截路埋地雷，实行“坚壁清野”，上山打游击，站岗放哨盘查行人、监视可疑分子，为我军送情报、当向导、筹给养等方面，群众团体起了重大作用。（3）执行三大纪律八项注意，维护群众利益。各班组驻在房东家，每天要有专人值日，负责扫院子、挑水等。转移时，把房子收拾干净，借的东西要还，损坏的东西要赔，并由指导员留在后面检查执行群众纪律情况。农忙季节，利用课余时间帮助群众收割庄稼，耕种土地，并重点照顾烈军属和无劳力困难户。这样，既扩大了我党我军的良好影响，又加强了与群众的关系。

在党校这段工作中的若干事情恍如发生在昨天，使人产生怀念之情。那时，党在群众中真正享有崇高的威望，党员在各项工作中确实发挥了先锋模范作用，同志之间建立了真挚深厚的革命友谊。因而，物质生活虽然极端贫乏，精神上却十分充实，大家自觉地以夺取抗战胜利、建立新中国和实现共产主义为奋斗目标，从内心深处以艰苦斗争为乐，以革命事业为荣。

夕阳红似火

——周泽革命事迹纪实

在山东省委党校，有一位传奇般的革命老前辈。她不仅高风高德，而且高迈高寿，是全校唯一健在的百岁寿星。她是20世纪30年代金陵大学文科专业的高才生，她是新四军早期屈指可数的女战士，她是开国之初军区大院唯一配发呢子军服的女性团职干部；她的两任丈夫均为革命壮烈牺牲，她孤身一人把几个儿女抚养成才，她从部队转业以后三请降薪，自愿享受普通的工资待遇。她作为老党员、老同志，还是将军夫人、烈士遗属，始终不忘初心，永葆本色，担当使命，一生不悔。她，就是已经年逾103岁的“三八式”革命老干部周泽同志。

多年来，因其谦逊低调，自律甚严，她的非凡经历和高尚品质长期鲜为人知。今天，让我们踏着永不停歇的时代年轮，叩开尘封经年的历史记忆，去追寻她那充满坎坷的光辉足迹，从中汲取接续奋斗的巨大动力。

从戎女儿身

1916年3月，百花盛开，万木葱茏。周泽出生在六朝古都南京一个衣食无忧的殷实人家。她自幼聪慧，勤奋刻苦，品学兼优，名列前茅，18岁时考入大学深造。那个年代，“万般皆下品，唯有读书高”，“鲤鱼跳龙门，一跃定终身”。读大学、求知识、寻出路，读的是人生前途，求的是进身阶梯，寻的是立世之道。在一个文盲充斥的国度里，成为一名大学生，无疑是人间精英，天之骄子。况且，周泽就读的这所学校，地处民国首都，是中国成立较早的一所国立大学，对学生的要求极高，各项活动十分正规，师生皆需正装出席，庄严稳重，讲究礼节，充满了仪式感，让学生深受鼓舞和震撼。进入这所大学的周泽，如鱼得水，前程似锦，在一片安详的氛围中，转眼读到大三。然而，天有不测风云。正当她将要升入大四、面临毕业冲刺的时候，1937年7月，卢沟桥事变爆发，全面抗战开始了。由于国民党反动派奉行不抵抗政策，弃城丢地，一路溃逃，日军的气焰更加嚣张，烧杀掳掠，大举进犯，占平津、过黄河、陷徐州，不到三个月，直逼南京城下。这一切来的是这样突然，让莘莘学子猝不及防。

这时，中共中央向全国发表了号召抗击日本侵略者的宣言，大声疾呼：“全国同胞们，平津危急，华北危急，中华民族危急！只有全民族实行抗战，才是我们的出路。”这一宣言，像战斗号角，鼓起全民抗战的斗志和勇气，周泽深受感染，热烈响应，但也面临艰难的抉择。是啊，人生要诀，重在选择。选择决定方向，方向决定成败。关键时的一步两步，往往决定一生的走向和质量。到底是崇高还是卑微、是光明还是灰暗，就全看自己的选择了。这时，有些同学选择出国，加入留学行列，跑到国外寻求出路；也有些选择内迁，远足西南边陲，偏安一隅勉强上课。她该怎么办呢？一边是自己的前程，一边是祖国的安危，何去何从？经过激烈的思想斗争，她毅然决然地选择了后者：中断学业，奔赴国难。她说：一个中国人，一个大学生，在民族危亡之际，要为自己的国家做点什么。总不能为一己私利而苟且偷生，眼看着大好河山任人宰割啊！于是，在南京沦陷的前夕，她与家人最后一批撤离，乘船西上武汉。这时的武汉，是中共中央长江局的驻地，八路军办事处也设在这里，周恩来、董必武等在此领导着抗日救亡运动，理所当然地成为进步青年投身革命为之向往的地方。周泽甫一到达，便积极投入救亡宣传活动，并很快与党取得联系，加入了革命队伍。组织上看她文化底蕴深厚，分配其做抗日宣传工作。能够成为一名光荣的抗日战士，救国之心得以实现，让周泽热血沸腾，斗志高昂，好像获得了新的生命。她起早贪黑，日夜忙碌，刷标语、撒传单、搞演讲，无论多累，从不叫苦，受到领导和同志们的一致好评。

战地黄花香

毕竟，战争是残酷的，革命是有危险的，完全比不了校园的花前月下，更不要说家庭的温馨安逸，对于一位温柔的女性来说，无疑又增添了几分艰难。故而，西方有句话：战争让女人走开。但在周泽看来，既然以身许国，何论男女性别，不是战争让女人走开，而是女人要冲上疆场。中国自古就有花木兰从军、穆桂英挂帅，西方也有南丁格尔这样杰出的女性。特别是当她读了邓颖超发表的关于妇女运动的文章，其中提出“中国妇女是抗日救国的重要力量”。备受鼓舞，士气大增。在严酷的斗争环境和紧张的工作磨炼中，周泽一改文静优雅大家闺秀的模样，呈现出泼辣豪迈坚强干练的战士风采。

她所投入的首场战斗，是街头宣传。在郭沫若领导的第三厅指导下，组成了抗日剧团，在武汉街头演出著名的活报剧《放下你的鞭子》。周泽是文学院出身，学的是西语系英文专业，从未学过表演，心想宣传也是战斗，不能知难而退，硬是不会就学，从头干起。加紧排练，强记硬背，很快就登台演出了。尽管演技不够，但是真情投入，前来观看的观众，挤得里三层外三层。随着剧情的发展，演员的泪水和观众的哭泣交织在一起，震耳的口号和激昂的对白汇聚成和声，真是台上台下同仇敌忾，或军或民群情振奋！此时，演的不只是在演，看的也不只是在看，大家都沉浸在救亡图存抗日杀敌的爱国情怀之中。街头演出大获成功，取得了意想不到的动员效果，有力配合了部队的前线作战。

随后，周泽被党组织派往安徽的歙县和江苏的宜兴、溧阳、武进一带，深入当地群众，开展抗日救亡。在这个时期，经过两年多的锻炼和考验，周泽逐步褪去年轻学生的青涩和知识分子的矜持，在思想上政治上工作上成长成熟起来，得到党和同志们的一致认可与肯定，党组织向她伸出了温暖的手，1940年8月，是她终生难忘的日子，她在紫砂之都宜兴光荣地加入了中国共产党。这是周泽人生之路的又一次质变，又一次飞跃。24岁的她，如果说这之前只是一个充满救国之情的热血青年，而此后，她就是一个筑牢理想信念的无产阶级先锋战士了。

入党后，她更加谦虚谨慎，老练稳健，工作努力，作风扎实。1940年冬，周泽又获新的任命，到中共太滆特委主办的《太湖报》担任记者，主持采编工作。这是在当地具有较大影响和战斗力的一份报纸，以宣传抗日、团结抗战为宗旨，密切配合我党领导的抗日救亡斗争。她每天忘我地工作，夜晚收听新华社的广播，接着联系当地实际和当前形势编写稿件，与另一名编辑研究定稿后，马上动手刻写蜡版，裁纸油印，天亮前就拿出了新一期的报纸。高效率的工作，让《太湖报》更加出色，发行量由几百份增加到两千多份，读者由太滆地区的党政军，扩展到社会上的抗日团体和民主人士，在党内外产生了广泛而热烈的反响。当时恰逢皖南事变，《太湖报》立即发表社论，揭露蒋介石反动面目，表明我们党严正立场。同时，大力宣传我党抗日主张、“三三制”“双减”政策，巩固和扩大抗日统一战线，还及时发布国际反法西斯战场的胜利消息。这使敌方人员也受到教育，私下阅读这张报纸，其中有的人受其感召主动向我方提供情报，足见《太湖报》的强大感染力。

火热的战斗生活，让周泽的青春时光丰富多彩，也让她的爱情之花灿烂绽放。就在她加入党组织的同年，与其革命的引路人、抗日救亡领导者任大可结为夫妻，并于次年生下了宝贝女儿。战火中的情感弥足珍贵，周泽尽享命运的恩赐。这里还要说明，周泽名字的由来，也颇有一番诗意。周泽并不是她的本名，她也不姓周而姓孙。当初参加革命时，为安全起见，开始改名孙静芝，后来干脆连姓也改了，随了母亲姓周。何以为泽？当时主要活动在江南水乡，人说江南鱼米乡，其实那里既无鱼也无米，而是片片沼泽，丛丛芦苇，满目荒凉。日军纠集伪、顽反动势力步步紧逼，层层设防，不断“扫荡”“清乡”。我抗日军民经常潜伏在沼泽和芦苇之中，寻机打击敌人。就连印制报纸的工具，也要背着在夜幕中东躲西藏。这个泽字，既是对水泽之乡的真实写照，也是对这天然屏障的真诚感恩。多年后周泽给孩子们说：在那样艰苦卓绝的环境里，起了一个内涵颇深还有些浪漫的名字，如果没有一点革命乐观主义精神和文化底子，恐怕还想不出来呢。

伴侣双英烈

人遇大悲者，或一息尚存，万死不辞；或一败涂地，万念俱灰，盖因坚强与软弱之异也。周泽的革命生涯和爱情生活，既有过志同道合夫妻恩爱的幸福和欢乐，更有过阴阳两隔痛不欲生的苦难和悲怆。在无法想象的灾难面前，她用纤弱的身躯，顶住了泰山千钧般的压力；她用坚强的意志，驱逐了常人难以承受的痛苦。凤凰涅槃，浴火重生，彰显出一个共产党人惊天地泣鬼神的伟大和崇高。

1942年初，是抗日战争最为艰难的关头。周泽的丈夫任大可，带领抗日军民英勇战斗在反“扫荡”的第一线。有一天，噩耗传来，大可同志不幸牺牲。周泽闻讯，一时惊呆，好像天晕地转，陷入深渊，怎么也无法相信自己的耳朵。这么一位精干的领导，这么一个坚强的铁汉，几天前还是谈笑风生神态自若，怎么能说没就没了呢？这时的周泽才26岁，她的革命道路才走出没几步，她的夫妻生活才掀开第一页，她的爱情结晶才不到一周岁！以后的路还长着呢！她就这样失去了丈夫，失去了家庭，失去了幸福，今后的日子还怎么过下去啊！不知过了多少时辰，在领导的安慰和战友们的守护中，周泽慢慢平静下来，明白了要革命就会有牺牲，为人民解放而死，死的光荣，死得其所。周泽强忍悲痛，咬紧牙关，决心以更加高昂的姿态投入战斗，为以身殉国的丈夫报仇。她把小女儿寄养到亲戚家里，打起行装，振作精神，随新四军独立二团上了前线。正如毛泽东同志所描述的那样：他们从地下爬起来，揩干净身上的血迹，掩埋好同伴的尸

首，他们又继续战斗了。

一年后，周泽由组织选派，进入苏南党校学习，同时发挥特长，帮助学校抄写材料、校对文稿，做些秘书之类的服务工作。在这里她结识了参加过万里长征的党校党委书记黄祖炎，并经组织和同志们热心介绍，与之相知相恋，建立了新的家庭。这让她那颗饱受创伤的心灵得到了安慰，让她长期颠沛流离的生活得到了安顿。尤其是第二年儿子的出生，更让这个革命家庭充满了欢乐和生机。也让周泽精神焕发，斗志更坚，她先后参加了苏北战役、莱芜战役、孟良崮战役，冲锋陷阵，多次遇险。有一次被日军包围，她和一些女战士把锅灰涂到脸上，打扮成老百姓模样，才侥幸脱离了险境。新中国成立后，黄祖炎出任山东军区政治部副主任，由于主任空缺，他实际上主持全面工作，周泽也随之调任政治部秘书。夫妻二人都是老革命，战争时期打敌人不怕拼命，如今进入和平建设时期工作起来更是不要命。白天晚上都在上班，没有周末节假日，用他们自己的话说“24小时都是国家的”。

1951年3月13日晚，一个更大的不幸发生了。当日，山东军区文化工作座谈会举行闭幕式，黄祖炎发表总结讲话，随之举行地方文艺工作者慰问部队的专场演出。这时，一个混进革命队伍的敌特伸出罪恶之手，举枪指向前排就座的部队首长。“砰”一声枪响，现场一片哗然，节目戛然而止，命案就此发生，一位首长倒在血泊之中，正是周泽丈夫黄祖炎。晴天霹雳！十年前的悲壮一幕，又在眼前重演。不，这一次更加突然，更加残酷，更加令人撕心裂肺！祖国已经解放，新中国已经诞生，大好河山已经回到人民手中，社会主义的一切美好已经展示在人们面前。然而，饱尝艰辛身经百战的黄祖炎，没有倒在冲锋陷阵的战斗前线，却在胜利的欢呼声中被敌特夺走了生命！他是新中国成立初期牺牲的我军最高级别的一位将领！被后人称之为“开国大案”。

周泽顿时昏厥过去。

命运如此不公，让她连失丈夫。一个柔弱的知识女性，遭遇一次，已是塌天大祸，接连两次，可谓世所罕见。周泽所受打击之大，伤痛之深，是任何语言都难以形容的！

将军遇刺，国失栋梁。一纸急电，飞驰北京，传到党中央领导，传到毛泽东耳边。领袖震惊了，全国也震惊了。毛主席既为失去一位患难之交而痛惜不已，又为反动阶级的疯狂报复而怒不可遏。他放下手头的工作，亲笔代党中央起草通电，并在送刘、周等中央领导同志阅发的同时，专门指示总政治部主任罗荣桓、公安部部长罗瑞卿，要亲自查办此案，“坚决迅速地杀掉一切应当杀掉的反革命分子”。

周泽醒来，环顾四壁，除了墙上挂着的黄祖炎依然笑容可掬亲切如初的照片，桌上摆着的连夜加班尚留体温的笔墨纸砚，再也听不到他温和的话语，再也看不见他稳健的身影。周泽一把搂住年幼的孩子，娘几个紧紧抱成一团。任凭泪水如雨，流淌在儿女一脸惊愕的稚嫩面颊；任凭呜咽如涛，翻腾在她一腔苦水的五脏六腑。只有对于亲人的爱，只有对于敌人的恨。没有一件额外要求，没有一句个人怨言。此时，她尽管只有35岁，但已经是久经考验的老党员老干部了，比照上一次的情感单纯，现在更多的是崇高的理想、坚定的信念和宽阔的胸襟，作为一种强大精神力量在支撑。信念的力量是无穷的。不然的话，即便是一位铁人，也会在残酷的情感撕扯中而灵魂崩塌，早就撑不住倒下去了。不然的话，作为尚在青春期的女性，独撑门户，一叶扁舟，漫漫岁月茫茫人海，含辛茹苦势单力薄，把几个烈士遗骨养大成人，那是寻常人无论如何也难以想象的。

这就是周泽！一个真正的共产党员，一个忠诚的革命战士，一个高尚的杰出女人，一个伟大的英雄母亲！

柔情担大义

青山埋忠骨，天地祭英魂。中国人历来崇拜英雄，十分看重英雄人物的后事安排，总会把墓地选在正大庄重之处，进而立碑建祠，寄托哀思，承前启后，昭示来人。黄祖炎牺牲后，安葬在济南四里山。

次年10月，毛泽东主席莅临山东视察工作。他在百忙之中，于27日上午，专程来到烈士墓前，神色肃穆，满怀深情，说："祖炎，我来看你了。你安息吧！"随行的许世友等军区领导同志无不深受感染，潸然泪下。当主席得知此地还安葬着济南战役牺牲的许多烈士时，动情地说：四里山成为英雄山了。从此，这座山正式称为英雄山，烈士的墓地则称为英雄山烈士陵园。后来，人民政府在黄祖炎墓地原址修建了纪念亭，由著名山东籍书法家武中奇书丹，名曰“英雄亭”。如今，这里已经成为重要的红色教育基地。

此为后话。早在20世纪60年代之初，有关部门向周泽征求意见，打算把黄祖炎的墓地向下迁一迁，与党的一大代表王尽美、山东早期领导人鲁伯峻等同志的骨灰集中安葬，以便后人瞻仰学习。周泽认为这是一件好事，但说到迁坟，不禁心头一震。多少年来，她梦牵魂萦，心灵所系，黄祖炎墓地，正是她灵魂的圣地，感情的归宿，支撑着她度过了多少孤独的不眠之夜和艰难的坎坷岁月，怎么能轻易去触动这块内心的伤痛！于是她建议，既然是扩建，其他先烈的墓可否向上安排。这个建议，未获采纳。答复意见是由于经费困难，这样开支会小一些。讲到政府开支，周泽知道，那是财政拨款，人民血汗，她还能说些什么呢？便明确表态“服从组织决定”。周泽也深知“逝者为大，入土为安”的传统道理，但她又一次委屈自己，在感情和理性之间，选择了顾全大局；在对待名誉地位问题上，放射出党性光辉。当时，孩子们已经长大懂事，充满对父亲的敬仰和怀念，对这个决定难以接受，周泽严肃地说：“你们的爸爸是为革命而牺牲的，他生前从来不争名和利，咱们后人也不要争，相信他的在天之灵是会理解的。”话是这么说，调整心绪难。在清明节她带孩子最后一次到原址扫墓时，依然悲痛难抑，强忍眼泪，颤动着的嘴唇居然一句话也说不出，鞠躬后只身离开，默默地走下山去。望着青松翠柏掩映间她那蹒跚的步履，飘散的白发，可以想见其内心深处是何等极度的悲苦和难以表达的哀思。不禁让人感慨万千，肃然起敬。

公仆百姓心

自古以来，名和利就像一对魔咒，纠缠着无数人的手脚而难以自拔，从而形成一个巨大的难题。沉沦其中者终受其害，挣脱束缚者独善其身。更有甚者，有的祭起“人不为己，天诛地灭”的信条，为不择手段攫取名利提供理论工具。真正能够打破这个魔咒，求解这个难题，正确处理名利关系的，是“以解放全人类为己任”的共产党人。周泽就是其中突出的一位。

对于荣誉，周泽看得很淡。

1955年部队授衔前夕，开始精兵简政，大规模裁军，女同志几乎“一刀切”，大都转业到地方工作。但是组织上考虑到周泽家庭的实际情况，决定让她继续留在部队。几个孩子得知这一消息，无不喜出望外，妈妈身着军装佩戴金色肩章，英姿飒爽，干练漂亮，既是家庭的荣光，也是对她个人的安慰。然而，周泽本人并不这样想。她看到除了医院、文工团这些专业机构，机关的其他女同志无一例外全部离队，心想自己尽管情况特殊，又是组织决定，但也不能忘记党员本色，接受特殊照顾。这次她作出了一个常人难以做到的决定：主动给组织打报告，自愿要求转业。周泽的报告得到批准，她脱下穿了将近20年的绿色军装，转业到地方组织部门，成为一名普通的机关干部。1964年11月，调入山东省委党校组织处工作，直到离职休养。

周泽的丈夫黄祖炎，如前文所述，生前是军区高级将领，死后是全军著名烈士。但她从未因此向组织伸过一次手，张过一次口，沾过一次“光”。况且，连应该得到的东西，她也毫不犹豫地放弃了。有一次，孩子们整理父亲的遗物，发现从未见到烈士证书，便去询问周泽，她回答“没去办过”。孩子不解，她又缓慢地说：“你父亲牺牲时，大家都很悲痛，加上工作忙乱，也就忽略了此事。而后我转业到地方工作，就再没给组织增添麻烦。”接着又补充道：“你们的爷爷、几个叔叔，也是为革命牺牲，可以说满门忠烈，他们也都没有烈士证啊。”这又是一件让人难以想象的事情。烈士证书，那是一个生命的象征，一位英雄的符号，又是一份崇高的革命荣誉，一份贵重的传家之宝，在周泽心里，更是亲人的化身。她怎么能不万分珍惜，永志难忘。但她又看得十分平常，更没想过从中得到什么。周泽的高风亮节，比之社会上个别伪造证书、欺世盗名的人，真是云泥之别。造假者的卑劣行径，既为世人所不齿，也更反衬出周泽的高尚和纯粹。

对于待遇，周泽看得很轻。

离开部队以后，周泽来到省委组织部任高教科副科长（相当于现在的处），行政15级，按照国家政策规定，保留部队原工资待遇，每月160元。不久，她听说自己的工资比部长还要高一些，内心十分不安。心想如果能与地方同级别的同志享受同样的待遇，反而会感到安然。于是便产生了申请降薪的念头。说到降薪，实在非同小可。此刻她的家里，有几个年龄尚小急待营养补充的孩子，还有一个来自农村帮助照管家务的保姆，全家的所有开销，都靠她一人的工资支付，应该说是比较紧张了。那时国家还不够强大，物资短缺，定量供应，一切都要凭票购买，老战友相互探望，送几斤粮票、油票，甚至豆腐票，就是很金贵的礼物了。然而周泽是一个坚定执着的人，认准了的事情一定要办到；她又是一个追求完美的人，对自己的要求有时到了几近苛刻的程度。尤其是她想到那么多先烈为革命献出了生命，不要说什么工资，连津贴费也没有。比比他们，作为幸存者已经很好了，应该知足了。想到这里，她又作出了一个让常人难以理解的决定：向上级申请降低薪金！降薪报告递上去了，未获批准。因为党组织了解情况，怎么能轻易减少她的正常收入？但是她的第二次、第三次降薪报告又接连递上去了。自愿降薪，三次报告。领导为她的真诚所感动，终于同意了她的请求。工资按地方同级干部，由每月160元降到80多元。这在今人看来，简直匪夷所思。我们谁都明白，君子言利，得之有道。对不义之财，固不可取，而正道之财，受之无愧呀。周泽怎么啦，连名正言顺应该得到的钱也自减其半！这就是周泽！一切从党的利益出发，一切为人民的幸福着想。宁可在工作上累着、生活上苦着，也绝不在心灵上飘着、在党性上空着。她的那颗金子般的心，总是在关键时刻放射出灿烂的光芒。

对于群众，周泽看得很重。

为了照顾孩子和料理家务，周泽从农村请了一位孟姓保姆。这位保姆早年丧夫，家境贫穷，但为人诚恳，干活利索，几年下来，与周泽一家建立了很深的感情。她的儿子、女儿也都在济南打工为生，没有城市户口，当然也就没有口粮，周泽便经常接济他们。进入生活困难时期以后，问题来了，本就定量很低的口粮标准，一头是身体正在发育成长的几个儿女，一头是根本没有粮食供应的保姆母子，这让周泽十分为难。如果辞掉保姆，负担可能轻些，当时许多人家都把保姆辞了。但保姆一家可就惨了，无依无靠，食不果腹，或许命都难保。两难之下，周泽毅然选择了担当，坚决地把保姆留了下来，并安慰她说："有福同享，有难同当，我们能吃上一口，也会有你一口。"不仅如此，对待保姆的亲友，周泽也是慷慨仗义，出手相助。有一天，保姆的老家来了数人，蓬头垢面，步履沉重，全是长途跋涉后筋疲力尽的模样，其中一个没说两句就晕倒在地。原来他们已经几天没有吃过粮食，仅靠野菜清水充饥。周泽见状，二话没说，立马吩咐保姆煮了一锅地瓜稀饭，蒸了两屉玉米饼子，让来人吃了一顿饱饭。周泽又向他们了解农村情况，知道了乡亲们当前的困境，听得两眼发红，哽咽无语。沉默了好一阵子，她到里屋取出10斤粮票、20元钱，沉重地说："不多，带上救急吧，咱们共渡难关。相信党和政府，今后好日子一定会有的。"保姆的亲友原以为能在大城市的大领导家里吃顿热饭就感恩戴德了，哪里想到患难之中遇上恩人还拿到了救命钱，一行人全都跪下了，喜极而悲，痛哭失声。他们心里明白，共产党里好人多，共产党与人民心连心，不然的话谁去理会这些“土包子”，更不会用牙缝里挤出来的钱粮资助咱们穷孩子！他们心里也明白，这世上人和人的确不一样，伟大与渺小、高尚与低俗、诚恳与虚伪，相隔并不遥远，只需一两件事就能分出高下，老百姓虽然文墨不多，眼睛却是雪亮！周泽的义举，不但雪中送炭，帮助困难群众，解其燃眉之急，而且让他们进一步认识到党的英明正确，坚定了穷则思变、建设家园的决心和信心。她不出家门，就做了十分有效的思想政治工作。

至爱慈母情

母亲的伟大，在于无私。

周泽是一位特殊的母亲，她为儿女和家庭奉献了特殊的无私。周泽的婚姻，既因完美的结合而大获成功，又因生死的别离而大为不幸。人们为其无比的坚强而击节赞叹，也为其惨烈的遭遇而扼腕痛惜。但人生总是美好的，爱情之门并未向她关闭，生活之路依旧畅通无阻。回想当年，35岁，团级职务，“三八式”干部，可以说一身诗意，满面春风，无论从哪个角度讲，她都具有充分的理由和优越的条件，去面对可供选择的极大空间。尤其是，时代变了，新生活正在向她招手。如果说封建社会三从四德、从一而终，那是无法抗拒的落后制度巨大压力下的无奈，而在新社会，男女平等，婚姻自主，已经完全拥有现代文明所赋予的自由。所有这些，周泽全都明白，只是她的选择又一次定格在坦荡无私。她以自己特有的坚毅和信念，抱定主意，独守终身，陪伴儿女，守望成长，把个人幸福完全置之度外，把全部生命交付烈士后代。从此开始了她漫长而艰辛的单身母亲生涯。这一迈步，义无反顾，勇往直前，走过了至今69年的风雨历程。年年月月，春夏秋冬，小草绿了又黄，黄了又绿；大地种了又收，收了又种。周泽那颗炽热的慈母之心，在孩子们的笑声中，保持着永远的活力和青春。

周泽又是一位纯粹的母亲，她为儿女和家庭奉献出了纯粹的无私。她的几个子女，皆为烈士遗孤，自幼没有得到父爱，没有像普通人家的孩子那样，享受过童年的欢乐。按说，解放了，安定了，生活好了，应该给些格外照顾，聊以补偿他们幼时失去的一切。然而，周泽既不这么想，更不这么做。她身为母亲，丈夫牺牲以后，把所有的爱都集中到孩子身上，加倍的疼爱他们，保护他们。日子过得那么清苦，她却活得那么坚强。她是在用伟大的母爱呵护孩子健康成长，在用自己的生命陪伴孩子学习进步。同时，她又清醒地告诫自己，对于烈士子女，更应严格要求，作出表率，成为继承和发扬革命传统的模范。三年困难时期，家里的粮食实在紧张，儿子想用母亲的工资，到市场上买点杂粮应急。周泽知道后，坚决不允。严肃地告诉儿子：我是共产党员，组织上有要求，不到万不得已不准到市场上买粮食，咱们决不能与更为困难的群众抢粮。儿子不解，她又解释说："老百姓没有工资，他们更加困难，如果我们这些干部家庭到市场买粮，就会造成粮价上涨。群众会怎么看？还会拥护共产党吗？越是生活困难，越不能与人民争利，越要遵守党的纪律，越要维护党的威信。"就这样，整整三年，她家没到市场上买过一粒粮食，也没到高价商店买过一件用品，完全依靠国家规定的供应标准，咬紧牙关熬过了这段艰辛的日子。而孩子们在此过程中，耳濡目染，深受教育，幼小的心灵里扎下了红色的种子，成为日后成长进步的重要基因。

周泽还是一位忘我的母亲，她为儿女和家庭奉献出了忘我的无私。周泽在日常生活中始终保持着老八路的优良作风，勤俭节约，艰苦朴素，内敛低调，克己自律。计划经济时期，口粮实行定量供应，机关干部每月28斤，小孩子减半只有14斤，随着年龄的增长，孩子的饭量也在上升，因而常常入不敷出，寅吃卯粮，日子过得紧紧巴巴。三年困难时期，情况更糟，已经吃不上饱饭，孩子们出现营养不良，发生程度不同的浮肿现象。她看在眼里，疼在心里，一时急得无计可施，而又要强，不肯向组织伸手求援。怎么办呢？只好自己节衣缩食，忍饥挨饿，一口一口，一点一点，积攒下来，补贴孩子。每到周末，她用手绢包好一小袋食品，有馒头、烤饼、地瓜，甚至还有几块小肉丁，带回家让几个孩子改善一下。这也是全家人最热闹最欢快的时光。然而时间久了，她一天天消瘦下去，眼睛失去了往日的光彩，秀气的面颊有些变形，两腿按下去就是一个深坑。冬天来了，她找出多年不穿的羊皮大衣裹在身上仍然冻得发抖。肚里无食，哪来的热量啊！孩子们见此状况，全都依偎在她的身旁，一个个流下了心酸的泪水。母亲带给自己的哪是馒头哪是饼呀，那分明是母亲的心血母亲的生命啊！

夕阳红似火

光阴荏苒，岁月匆匆。

周泽在顽强的奋斗中不觉渐渐老去，按照国家规定离开了工作岗位。离休以后的生活，平静而安详，闲适而快乐。儿女成才，四辈同堂，举家和睦，其乐融融。这艘闯过惊涛骇浪的小船，终于驶进了安全的港湾；这位历经艰难困苦的老人，终于享受到幸福的晚年。这让了解她敬仰她的所有人们，终于大大地舒了一口气。

在家居生活中，周泽身退心不退，离岗不离党，依然与党和人民心心相印，脉搏相连，时刻关心和关注着祖国的建设和发展。她政治坚定，思想敏锐。每天读书看报，收看新闻，晚上7时的《新闻联播》，是她固定的“功课”。遇有党日、国庆、党代表大会等重大活动，总是及时收看，认真领会，其中经典的语言都能吟咏出来。她乐观向上，阳光开朗。整日谈笑风生，从不愁眉苦脸，做人坦诚，处事透明，时时弘扬主旋律，处处释放正能量，给孙辈们讲革命故事，讲英雄人物，讲光荣传统。只要她出现在哪里，哪里就会有笑声；只要她的声音传到哪里，哪里就会有欢乐。她坚忍顽强，豁达宽容。敢于同疾病作斗争，一般的小毛病，从来不在乎。更不斤斤计较，纠结小事，不因鸡毛蒜皮而伤感情。偶尔听到刺耳的话或闹心的事，她总是淡然一笑，尽显长者的慈祥和智者的雅量。她粗茶淡饭，自奉节俭。“新三年，旧三年，缝缝补补又三年”，是她平日的“口头禅”，不枉花一分钱，不丢掉一粒米。她爱整洁，讲卫生，总是把自己打理得干干净净，有条有理，出来进去都是一位精致的老太太，把其完美主义的追求体现得实实在在。

2015年，周泽虚龄百岁，恰逢我们党成立95年。她回首往事，浮想联翩，深情地说：“我活到百岁已是庆幸，在耄耋之年，想为党再尽点心，做点事。”于是她再一次让人们惊讶，从自己工资中拿出6000元，上交特殊党费。并赋诗一首，题为《百年心愿》：

耄耋忆岁月，醒来更恋晨。
昔日战凶顽，只唯主义真。
今圆中国梦，更靠党指引。
任重征程远，老妪已黄昏。
捧上薪一把，略表寸草心。

百岁离休干部周泽
交特殊党费为党的生日献礼

诗以咏志，言为心声。字里行间那充满深情的感恩，孜孜以求的信念，语重心长的期盼，诚恳真挚的祝愿，集中地投射出周泽内心深处坚定的理想信念和高尚的道德追求。既是老人家作出的自我总结，也是赠予新时代的宝贵财富。

周泽光辉的人生，是一本大书，可供人们学习的很多很多；是一部宝典，给予人们的警示很多很多，其中最为核心的，可以说是两个字：信念。因为，人与人之间最小的差距是禀赋，而最大的差距是信念。

同志们、朋友们，请把周泽作为一面镜子，好好对照自己，究竟应该怎样去做，才能不负时代把握生命之舟呢！

古人云：仁者寿。

愿周泽老人福如东海之水，寿比南山之松！谨此，衷心地献上我们所有后来者崇高的敬礼！

血战苏家崮

——一一五师掩护党校突围

1941年冬，诞生于抗日烽火中的省委党校，刚刚度过成立3周年纪念日，却遭遇了一场生死攸关的空前劫难。是我们伟大的党所指挥的英雄军队，英勇杀敌，浴血奋战，拯救了师生，保全了党校，从而在其发展史上谱写了一曲慷慨悲歌。

这年11月，日军集中5万余人，对沂蒙山区实行“铁壁合围”，进行空前规模的“扫荡”，妄图摧毁鲁中根据地，消灭我领导机关和主力部队。一一五师师部机关由政治部主任肖华率领，带着山东分局党校约400人，于12月5日，从沂蒙山区向鲁南方向转移。并决定由第三团团长王吉文、政治委员张玉华，率团主力掩护分局党校。

敌人察觉我军转移的动向，分别从滕县、邹县、平邑、费县等据点迅速集结6000多人，夜间隐蔽开进，占领附近高地，对三团和党校驻地形成合围。日军布下的这一合围圈，南北相距5公里，东西相距8公里。敌旅团长福田少将设立指挥所，统一指挥各部行动。这是一小块山间盆地，六七个小山村错落其间，周围是400—500米高的山头。三团团部驻在盆地中央，分局党校驻在山岭东侧。这时，我军虽然加强了警戒，却没有想到敌人会突然合围，而且只靠徒步通信，未能及时得知敌情。12月7日午夜，二营报告："正西方向炮响3声，并有步枪声。"接着其他岗哨也有报告。很快，战斗打响。团首长发现已陷重围，万分危急，立即决定由参谋主任率团直及分局党校，由第二营（营长戴文贤、政治教导员王良恩）掩护，向正北方向突围。第三连阻击敌人，而后任后卫跟进。团长、政治委员率第一连抢占附近高地苏家崮，侧面钳制敌人，杀开一条血路。由于笨重武器不便携带，即令特务连将迫击炮及数十发炮弹埋藏起来。政治委员张玉华说："这样既能使党校安全转移，又能让团主力少受损失。"

苏家崮，是一东北、西南走向的长形山崮，海拔498米。崮的地形特点，是临到山顶有数十米高的陡崖峭壁，能上下通行的道路很少，山顶则为较平坦的开阔地。该山崮只有北头及南头有路，东西两侧均为20—40米高的崖壁；山顶平地北低南高，长约1800米，北头宽80—100米，中部以南宽达200米左右，南头隆起为一小高地，与西南侧的高地相连；山顶中部稍凹，有十几间旧房残壁。

当我一连沿山顶前进时，日军也从南头登上山顶，我军越过中部废墟，即同敌人遭遇。一连连长是一位红军干部，立即率一排向敌人冲击，一度攻占小高地，但遭敌反击，连长牺牲，该连退守废墟，与敌人对峙。团首长登上山顶后，发现周围已布满敌人，遂令一连奔占小高地，用刺刀、手榴弹将敌杀退。日军随以成倍兵力反扑，小高地得而复失。

一连在苏家崮与敌激战，为党校向北突围赢得宝贵时间，全体师生从阵地的一个空隙，进入大山沟，冲出了包围圈。由于行动迅速，未遇阻拦，安全突围，没受损失。

敌人发现我突围行动后，立即分兵多路东西对进，集中火力向我射击。顿时，在前进路上形成层层火网。团政治处主任陈晓峰、组织干事张凯、见习参谋张兴柞及部分战士中弹牺牲。有些战士受伤后无力行动，就地抵抗直至弹尽。后续人员不顾被敌人层层截断，边打边突，不少人中弹或中敌刺刀倒下，突出包围的只有30余人。战至12月8日下午3时，我一连和五连剩下30人，有的同敌人肉搏倒下，有的抱住敌人滚下山崖，全部壮烈牺牲。后来，在苏家崮顶找到遗

体的烈士118名，还有122人下落不明。

让我们永远铭记这些先烈的英雄壮举和伟大名字吧！政治处主任陈晓峰，25岁。当他看到形势险恶，就对周围同志说："为了掩护党校和团主力胜利突围，我们要不惜代价同敌人血战到底！"重伤倒地后，还鼓励别人要坚决突围出去。作战参谋龙非，24岁。突围中先督促战士坠崖下山，又自动代替机枪射手，以精准火力压制敌人。后来在战场上找到他的遗体，见其身中数弹，手枪零件散落各处，显然是重伤后打光子弹，自己把枪拆开丢散，不让敌人缴去。其他所见烈士们的遗体，有的残躯断肢，有的弹孔遍体，有的多处被刺刀戳烂，抱敌跳崖者更是血肉模糊。此情此景，真实地反映了战斗的激烈残酷和烈士的英勇顽强。

苏家崮之战，一一五师痛击日军，用自己的鲜血和生命，成功掩护党校师生突围，让真理的火种得以保存。

苏家崮之战，党校师生经受战争洗礼，使书本染透革命的底色，高举理想信念的旗帜，让党的优良传统发扬光大!

亲爱的老师们、学员们，如今，当你走在优美的校园里，坐在安静的课堂上，可曾听到当年战场上激烈的枪声？可曾看见当年战斗中倒下的身影？可曾想到当年战火里创业的艰辛？

党校过江记

——大军南下中的华东局党校

华东南下干部纵队第三支队第四大队第七中队全体干部合影

1945年抗日战争胜利后，国民党反动派发动内战，调集几百万大军扑向山东解放区，实施重点进攻。这时，华东局由江北移驻临沂，与山东分局合并，加强了对山东工作的全面领导。

1946年5月，成立华东局党校，主要在益都、沂源、五莲一带流动办学，培训县委书记、部队团职以上的领导干部。而后，随着解放战争的节节胜利，我军直逼南京城下，渡江战役箭在弦上，全国胜利近在眼前。党中央及时作出决定，从各大解放区抽调干部，南下接管新区政权。在对南下干部的选调、集结、培训等方面，党校又一次发挥了独特作用，做出了不可替代的历史贡献。

剑指江南

1948年，解放战争进入第三个年头，双方军事力量的对比发生了有利于人民解放军的根本变化。华东野战军首先发动了济南战役，“打开济南府，活捉王耀武”，揭开了解放战争战略决战的序幕。随着辽沈、淮海和平津三大战役的胜利结束，国民党的主要军事力量基本上被消灭，他们统治的政治中心南京、经济中心上海以及武汉等地，已经危如累卵，摇摇欲坠，全国处于革命胜利的前夜。正是在这种大的历史背景之下，根据党中央和华东局的部署，山东解放区抽调了大批干部随军南下，接管政权，从而产生了“山东南下干部”这一特殊的英雄群体。

10月28日，中共中央做出《关于准备夺取全国政权所需要的全部干部的决议》，决定从华北、华东、东北、西北、中原五大老解放区抽调干部5.3万名，以区党委（或省委）为单位，配备整套班子，随军前进，到新解放的区域，建立党政军机构，进行接管，开展工作。为此，中央要求华东局准备1.5万名干部随军南下，接管新区政权。为了贯彻落实中央决议，华东局于12月在临朐与益都交界处的闽家庄召开各区领导人会议，部署抽调干部随军南下的工作，研究大军渡江以后华东局及所属各区党委的组织安排问题，并于12月25日发出《关于执行中央准备五万三千名干部决议的指示》指出："我们注意到目前华中的干部（尤其中级和高级干部）特别缺乏，因此准备一万五千干部规定完全由山东来负责。"同时，还就1.5万名干部的落实做了具体分配：鲁中南配备1套区党委级、10套地委级、40套县区委级，共调干部3680人；胶东配备1套区党委级、7套地委级、42套县区委级，共调干部3650人；渤海配备1套区党委级、5套地委级、41套县区委级，共调干部3456人；济南配备1套区党委级、2套地委级、5套县区委级，共调干部576人；昌潍特区配备半套地委级、5套县区委级，共调干部404人；潍坊市配备3套县区委级，共调干部225人；华东局直属机关配备1套中央局级、1套区党委级、5套半地委级、15套县区委级外，另配备城市工作干部1475人，共为3009人。

党校集结

华东局决定并通知各区党委，要求把选送的3000多名党员干部作为第一期南下干部，先到华东局党校集结学习培训。

山东各战略区接到华东局的通知后，即抓紧部署抽调第一期南下干部的任务。渤海区首先从一地委（军分区、专署）抽调干部组成渤海第三支队第一大队共730多人，于12月底到益都境内华东局党校所在地王岗村进行集训。鲁中南区抽调干部700多人，华东局机关抽调干部400多人，胶东区抽调干部900多人，按照渤海区同样的建制，分别组建了本区的首批南下干部大队，并陆续来到党校集合。

这些由各战略区抽调的首批南下干部，组成了华东局党校的四个部：党校一部由鲁中南区干部组成；二部由华东局机关的干部组成；三部由渤海区干部组成；四部由胶东区干部组成。各大队党委也相应地改为部委会。华东局党校由华东局领导成员张鼎丞任校长，温仰春任副校长。党校领导与各部委负责人组成学委会，在学委会统一领导下，由各部委负责管理各部的教育学习。加上在此前后各战略区的部分南下干部亦前来党校参加学习，党校全部学员已达3000名左右。1949年1月中旬，华东局党校在王岗村举行了隆重的开学典礼。华东局及山东省党政领导饶漱石、陈毅、康生、张鼎丞、张云逸、曾山、舒同、黎玉、郭子化等都亲临大会作了重要讲话。

到3月中旬，从渤海、胶东、鲁中南、昌潍特区、潍坊市、济南市、华东局直属机关、华东军区抽调的大批南下干部，以及从华东局财办所属专门学校、华东大学抽调的部分干部和学生，共计1.2万余人，分两批出发，陆续从四面八方汇聚鲁南的临城地区，与已先期到达的第一批南下干部会合。至此，南下干部队伍已达1.5万余人。各战略区的干部集中在一起，驻扎在临城周围的沙沟镇和微山湖一带的乡村地区。接着，由党校统一组织，进行了整训学习。

思想武装

山东的南下干部，多数长期在北方老区工作，经历了革命战争的锻炼和考验，富有老区武装斗争和群众工作经验，是党领导下的一支坚强精干的干部队伍。但是，作为南下干部，党赋予他们的使命就是紧随人民解放军的进军步伐，接管新解放区，并在新区开展工作。这就要求南下干部能够尽快地熟悉新情况，适应新环境，从事新工作。因此，进行集中整训，加强思想武装，学习党的方针政策，熟悉新区社会和经济情况，掌握必备的军事常识，便成为他们南下过程中一项重要的任务。广大南下干部学习积极性很高，除了在党校集中学习、集训外，行军途中随时随地的学习训练活动更是多不胜数。党校学习内容主要有以下几个方面：

首先，组织干部认真学习时事政治。明确国内国际形势和各级干部的任务，从思想上认识到新区接管的重要意义及其艰巨性。在华东南下干部纵队之前南下的各批干部，主要学习了《目前形势报告提纲》《政治报告提纲》《解放军宣言》和毛泽东的《目前形势和我们的任务》。之后由于解放战争形势发生了巨大的变化，为适应我党工作的重心由农村转向城市的需要，从华东南下纵队开始，形势教育重点是党的七届二中全会精神。

其次，组织干部学习具体的新区工作政策。晋冀鲁豫南下干部支队等批次因当时清匪反霸、动参支前的工作需要，主要学习了《土地法大纲》、任弼时写的《关于土地改革中的几个问题》等文件。华东南下干部纵队及以后各批南下干部学习具体政策时，重点转向了接管城市政府的学习。当时主要有《中共中央关于批准华东局关于接管江南城市的指示》《华东局关于接管江南城市的指示》《中共中央关于保护工商业问题的指示》《中共中央关于接受官僚资本主义企业的指示》《中共中央关于对“自由资产阶级”及“开明士绅”的政策的指示》《中共中央关于军事管制问题的指示》《入城守则》等文件。

第三，组织干部了解和熟悉新区的政治、经济、文化情况和民俗特点。在北方集训期间，请在南方工作或生活过的同志介绍当地的风土人情，后来还印发介绍江南情况的小册子。这些材料提供了新区历史和现状等情况，使南下干部对新的工作环境做到了心中有数。

在学习时事政治、接管政策和熟悉新区情况的同时，还加强了对南下干部的军事训练。目的有两点：一是有效避免或击退国民党残兵、潜伏匪特和地方武装的袭扰，最大限度地保证行军安全；二是使南下干部能够紧随人民解放军的快速进军步伐，解放一地即接管一地，防止出现权力真空。军事训练的形式主要有晨间行军拉练和夜间紧急集合，有的干部还进行了投弹训练。后来的事实证明，这些军事训练，为南下干部的安全行军和清剿匪特打下了良好的基础。

广大南下干部通过在党校的学习和集训，加深了对形势任务的认识，坚定了南下的决心和信心，学习了党的新区政策和接管经验，整体观念、纪律观念普遍有了提高，具备了一定的行军战斗的能力，为接管新区做好了思想、业务和行动上的准备。

担当重任

华东南下干部纵队编为4个支队：第一支队，由鲁中南区干部及华东大学的学生组成，分为10个干部大队和1个学生大队。第二支队，由华东局直属及济南、昌潍地区干部组成，分为4个干部大队。第三支队，由渤海区干部组成，分为6个干部大队。第四支队，由胶东区干部组成，分为7个干部大队。除前述已经先期出发、随军筹粮的干部外，华东南下干部纵队领导机关、各支队领导机关及其所属大队共1万多名南下干部，统一由刘少卿和温仰春带队，从临城南下，向长江挺进。

华东南下干部纵队经新安、淮阴、淮安、界首、高邮抵达扬州。然后渡过长江，进入镇江，开赴丹阳。其中，第一（鲁中南区）支队全部分配到浙江，与第三支队的大部分干部一同接管浙江各地。浙江当时共11个地区，有10个地区接管后，第一任地、县级主要领导均由南下干部担任。由此可见，他们在接管新区中发挥了十分重要的作用。第二支队由华东局直属及潍坊、济南南下干部组成，主要分配到上海市直机关及所属各县区。第三（渤海区）支队大部分去了浙江，少部分去了上海；去上海的又分三种情况，一部分负责筹办华东人民革命大学，一部分接管上海真如区与大场区，还有一部分编入“上海市军管会财政经济接管委员会不管部”，负责对一些一时弄不清归属部门的经济单位进行接管，这部分干部后来又南下福建。第四（胶东）支队在苏北地区与先期到达的南下干部会合后，全都到了苏南地区参加接管和建

政工作，其中部分干部后又抽调出来，进入福建和大西南，参加了当地的接管和政权建设。

广大南下干部不负众望，勤奋工作，成为带领人民群众创造新生活的重要领导骨干，许多人锻炼成长为党和国家的栋梁之材。其中，曾在党校工作的李培南，担任了温州地委书记，陈侠担任了杭州市委副书记；曾在党校学习的章若明担任了杭州大学副校长，武中奇担任了江苏省书协主席。最为著名的是焦裕禄，他从山东博山，来到豫东，而后担任了兰考县委书记，用自己的模范言行，树立了人民公仆的不朽丰碑。